Begehrenswert

Fröhliche Wissenschaft 223

Jule Govrin

Begehrenswert

Erotisches Kapital und
Authentizität als Ware

Matthes & Seitz Berlin

Inhalt

Vorwort

Werten und Bewerten takten unser Verlangen und Verhalten. Die kleinen, feinen Werturteile, die wir tagtäglich treffen, äußern sich in affektiven Akten, die nicht vom kühl kalkulierenden Geist, sondern vom Begehren beflügelt werden – durch körperliche Reflexe, die blitzschnell auf Anreize antworten. Im Begehren geben wir unsere intimsten Wünsche preis und setzen so aufs Spiel, was uns wesentlich ist. Wir treten aus uns heraus, entäußern und entgrenzen uns. Ebendeshalb macht uns unser Begehren empfänglich für die Werturteile anderer, es exponiert uns, macht uns verwundbar. Geschmack, Stil, Aussehen, Persönlichkeit – alltäglich und allgegenwärtig sind wir aufgerufen, einander abzuschätzen. Und wir begutachten uns selbst im Blick der anderen. Der prüfende Blick auf mich bemisst, wie begehrenswert ich bin. Dieses Blickregime entspricht der Logik des Selfies. Selbstausdruck und Selbstwert spiegeln sich in Bewertungen mit Likes und Emoticons. Je standardisierter und so bewertbarer Inszenierungen des Individuellen werden, umso stärker der Darstellungsdruck. Je mehr wir uns im Selbstbild stilisieren, desto kostbarer das Antlitz, das in der Selfie-Spiegelung aufblitzt. Und doch suchen wir unser Antlitz zuallererst in anderen, wir sehnen uns im spiegelbildlichen Spiel des Sozialen nach ihrem Begehren, ihrer Anerkennung, ihrer Wertschätzung.

Sinnlichkeit-Test: Wie begehrenswert fühlen Sie sich? Authentisches Auftreten – Kompetente Wirkung. Begehrenswert sein – so optimieren Sie Ihre Ausstrahlung. Liebt er mich noch? So bleiben Sie für ihn begehrenswert! Du willst authentisch sein? – 3 Tipps für mehr Authentizität. 5 Merkmale begehrenswerter Frauen. Brand Desire: Was Marken begehrenswert macht. Ausstrahlung: Mit diesen Tricks und Tipps zu mehr Ausstrahlung Attraktivität Anziehungskraft Autorität und authentischem Charisma! So überzeugen Sie wirklich jeden! Inkl. Profi Strategien. Onlinekurs ›Authentisch erfolgreich‹. Erfolgreich und begehrenswert durch gesunde Haare. Authentisch sein: Eine Anleitung. Um begehrenswert zu sein, soll man authentisch wirken. Bei der Castingshow *Germany's Next Topmodel – by Heidi Klum* wetteifern junge Frauen darum, als Model unter Vertrag genommen zu werden. Jede Runde müssen sie Proben bewältigen, meist Fotoshootings und Catwalk-Performances. Die Leistung auf dem Laufsteg bildet den Höhepunkt, hier fällt die Entscheidung, wer in die nächste Runde kommt. Heidi Klum, Role Model, Moderation und Richterin, lässt »ihre Mädels« antreten, um sich ihr Urteil abzuholen. Unsicher treten die Kandidatinnen vor Klum, oft noch im Catwalk-Outfit, dessen Glamour in grotesken Gegensatz zum nervösen Gefühlszustand der Geprüften gerät. Heidi Klum bewertet die von den Models mit Catwalk-Expert*innen eingeübte Choreografie äußerst streng. Jeder Schritt, jede Geste, jedes Lächeln muss sitzen. »Du warst da nicht ganz authentisch«, bemängelt sie: »Das musst du noch weiter einstudieren.« In Klums Kritik zeigt sich der Appell des Authentischen: Vor dem Spiegel studieren ihre Kandidatinnen authentischen Ausdruck ein, den sie später scheinbar spontan und natürlich in Szene setzen sollen.

Der Drang dazu, das eigene Selbst zu bearbeiten, zu stilisieren und zu vermarkten, drückt sich auch im Konsumverhalten aus. Welcher Gesichtsausdruck und welches Hashtag, welche Kleidungsstücke und Accessoires, welche Schokoladensorten und Kaffeeröstungen, welche Selbstsorgen und Sportarten geben unser Wesen wieder? Authentischsein erscheint als Stilfrage. Die Performanz der Einzigartigkeit wird daraufhin bewertet, ob sie den Maßstäben entspricht, anhand derer Menschen als sympathisch oder unsympathisch, als attraktiv oder unattraktiv, als interessant oder uninteressant wahrgenommen werden. Während Kleidungsstücke und Restaurantbesuche einen bezifferbaren Preis haben, scheint es eine Wertform zu geben, die nicht direkt darauf abzielt, monetären Wert zu schöpfen. Dieser Wert bestimmt Subjektivierungsweisen, ohne in der ethischen Kategorie des Selbstwerts aufzugehen. Und da diese Wertform mit Bewertung einhergeht, formt sie offenbar nicht bloß individuelle Wahrnehmungsweisen, sie beeinflusst maßgeblich soziale Beziehungen. Schließlich zielt jede Selbststilisierung auf soziale Sichtbarkeit und die Anerkennung anderer.[1] Der Blick auf sich selbst ist stets durch die Blicke der anderen bestimmt. Das Selbstverhältnis ist ein soziales Verhältnis. Indem uns Begehren in Bezug zu anderen setzt, werden wir zu sozialen Wesen.[2] Es gibt kein Selbst ohne soziale Beziehungen, die ihrerseits vom Begehren gestiftet sind. Und Begehren wird mit Wert besetzt. Deshalb handelt dieses Buch mit einer Wertform, die sich am Begehren bemisst und mit symbolischem Kapital spekuliert, die Körper regiert und Affekte anreizt. Dieser Wertform gilt es nachzuspüren.

Die »Attraktivitätsmärkte«[3] der digitalen Plattformen machen vor, wie der merkantile Wettbewerbsgeist Begehren mitregiert. Aufmerksamkeitsökonomisch sind User dazu angehalten, Likes zu erringen und Follower zu gewinnen, wodurch ihre Beliebtheit quantitativ messbar wird. Diese Gegenwartslage sollte nicht darüber hinwegtäuschen, dass Praktiken des Bemessens und Bewertens eine lange Geschichte bergen. Bereits Friedrich Nietzsche bestimmte Menschen als wertsetzende Wesen, die mit Werturteilen aggressive Affekte ausagieren.[4] Allgemein gesprochen spekuliert kapitalistisches Wirtschaften mit Wert, gleichsam kalkuliert es mit Wünschen, darauf machen uns Gilles Deleuze und Félix Guattari aufmerksam.[5] Ökonomischer Wert und soziale Wertschätzung spielen subtil ineinander – in Praktiken der Distinktion und Differenzierung. Eben hier liegt der Einsatzpunkt des Authentischen. Um die Zusammenhänge zwischen Wert, Begehren und Authentizität nachzuzeichnen, ist Letztere in ihrem Inszenierungscharakter zu untersuchen. Wie wirkt Authentizität als affektive Projektionsfläche gesellschaftlicher Sehnsüchte? Sie scheint, so die Vermutung, soziale Bewertungsmechanismen zu befördern. Wie wird sie eingefordert, wie wird sie in Szene gesetzt? Wie durchwirkt Begehren wirtschaftliche Wertordnungen und wie schreiben sich diese als Bewertungsmuster in Beziehungen ein? Diese Fragen legen nahe, im Unterfangen einer feministischen Ökonomiekritik bei Körpern und Begehren zu beginnen und den Kapitalismus als Begehrensökonomie zu betrachten, die sich nicht bloß an Bedürfnissen ausrichtet, sondern mit Wünschen und Begehrlichkeiten kalkuliert. Begehren und Authentizität, Bewertungspraktiken und Aufmerksamkeitsökonomien entwickeln sich in enormer Geschwindigkeit. Deshalb bedarf es einer Kritik der politischen Ökonomie des Begehrens in Form einer Genealogie der Gegenwart. Begehren ist viel zu flüchtig, um es in einer festen Wertformel einzufangen. Stattdessen führt der Streifzug leichtfüßig durch eine Fülle von Phänomenen der Gegenwart und ihrer Geschichten, um die Bindungen von Begehren und Wert im Konkreten und Kleinteiligen zu entdecken, in vertrauten Alltagspraktiken und in bestaunten Ausnahmeerscheinungen des Warenkonsums und der Selbstvermarktung, die oft mehr teilen, als es den Anschein hat.

Das erste Kapitel verschreibt sich der Geschichten der Wertkritik und der Warenwelt. Das zweite Kapitel handelt vom Begehren in den verschlungenen Strängen der Sexualitäts- und Kapitalismusgeschichte. Das dritte Kapitel bietet eine Gegenwartsgeschichte der Authentizität. Im Analysefokus liegen die narrativen und algorithmischen Bewertungsraster, bereitgestellt von der Konsumkultur, um einander abzuschätzen – es geht also weniger um das konkrete Erleben als um diskursive Muster, die ökonomische Wertigkeiten in soziale Beziehungen einschreiben. Obwohl das kapitalistische Wertgesetz global gültig ist, bezieht sich die Analyse auf westeuropäische, insbesondere deutschsprachige Kontexte. Schließlich sind

Vorstellungen von sozialen Werten und authentischem Selbstausdruck stark kontextgebunden und kulturgeschichtlich verschieden. Anstatt allzu verallgemeinernde Aussagen aufzustellen, wird eine philosophische Praxis verfolgt, die sich in ihrer Gegenwart verortet und angesichts gesellschaftspolitischer Phänomene kritische Begriffsarbeit betreibt. Erster Einsatzpunkt ist ein Wertbegriff, der all die affektive und ästhetische Arbeit umfasst, die Menschen an sich leisten.

1. Wert

Gebrauchswert. Geschäftswert. Geldwert. Gegenwert. Grenzwert. Liebenswert. Lebenswert. Liquidationswert. Marktwert. Mehrwert. Messwert. Menschenwert. Neuwert. Normwert. Nominalwert. Sachwert. Schrottwert. Selbstwert. Spekulationswert. Seltenheitswert. Arbeitswert. Tauschwert. Unternehmenswert. Orientierungswert. Durchschnittswert. Distinktionswert. Richtwert. Realwert. Zeitwert. Zeichenwert. Symbolwert. Sachwert. Inszenierungswert. Erlebniswert. Eigenwert. Wahrheitswert. Barwert. Börsenwert. Bezugswert. Begehrenswert. Wie die Wertform beziffern, von der die Rede ist, wenn wir über affektive und ästhetische Wirkungsweisen von Wert und Bewertung sprechen? Anscheinend handelt es sich weniger um direkten Geldwert, der – einem Preisschild gleich – Waren angeheftet wird, und mehr um eine symbolische Wertform, die mit Wunschbildern spekuliert und darauf einwirkt, wie wir wahrnehmen und begehren.

Gemäß Pierre Klossowski bildet der Wert eine »dem Genuß innewohnende Strategie«.[6] Wert entspringt dem Begehren, weil der Akt des

Bewertens eine Handlung des Begehrens ist. Das kapitalistische Wirtschaften schreibt dem Begehren seinerseits seine Wertlogik ein, die auf Verknappung und Tausch beruht. Diese bemächtigt sich der Lüste und Sehnsüchte, formt Fantasien in flimmernden Werbebildern und strukturiert Begehrensbeziehungen. Für Klossowski ist das »Vermarktungsprojekt der wollüstigen Emotion«[7] im Erotischen angelegt. Die begehrliche Wertungsform, die sich in Vorlieben verwandelt, ist monetären und moralischen Werten vorgeschaltet. Angelehnt an Gebrauchs- und Tauschwert unterscheidet Klossowski zwischen erotischem Wert und kapitalistischem Wert.[8] Während erotischer Wert auf sinnlichen Genuss abzielt, entbehrt der kapitalistische Wert Sinn und Sinnlichkeit, da er als steriler Geldwert operiert. Klossowskis Idee eines ursprünglichen Begehrens und erotischen Werts als unmittelbarer Sinnlichkeit ist irreführend, ist doch Begehren seinerseits immer schon sozial vermittelt. Bestechend ist jedoch die Beobachtung, dass Begehren und Wert unauflöslich verbunden sind. Während für Klossowski Begehren dem Wert vorgelagert ist, situiert Georg Simmel Wert und Begehren in einem Korrelationsverhältnis: Für Simmel bildet Begehren den subjektiven Ausdruck und sein Korrelat, der Wert, ist dessen objektiver Ausdruck.[9] In dieser Perspektive bezieht sich Wert auf das Allgemeine der Gesellschaft und Begehren auf das Partikulare des Individuums. Wert verweist auf die sachlichen Verhältnisse der Dinge, Begehren bezeichnet die affektiven Verhältnisse der Menschen. Wert steht für Rationalität, Begehren bedeutet Affektivität – so Simmels Bilanz. Statt von solch starren Gegensätzlichkeiten auszugehen, werden im Folgenden affektive Wertwirkungen ausgehend vom Begehren betrachtet, wie es Klossowski vorschlägt. Doch während dieser Begehren als übergeschichtliche Kraft fasst, wird seine Einsicht radikalisiert und das Wechselspiel von Begehren und Wert in ihren kapitalismusgeschichtlichen Wandlungswegen verfolgt.

Wertgesetz und Beziehungsweisen

Um sich dem Begriff des Begehrenswerts anzunähern, führt der Weg zu den Arbeitsweisen von Wert, Mehrwert und Warenform und ihren Auswirkungen auf soziale Beziehungen. Erste Konturen nimmt das Konzept des Begehrenswerts im Gang von Karl Marx' Wertkritik zu Bini Adamczaks Konzept der Beziehungsweise an.

In seinen Anfängen verstehen liberale Philosophien wie die von Adam Smith den Markt als Ort demokratischer Gleichheit, an dem Gleiche unter Gleichen vertraglich geregelten Geschäften nachgehen. Allerdings übersieht dieses marktliberale Ideal den Umstand, dass das wettbewerbsorientierte Wirtschaftssystem systematisch Armut und Ungleichheit erzeugt. Marx weist dafür auf die verheerenden Auswirkungen der Industrialisierung in England im 19. Jahrhundert hin. Er beschreibt, wie die Enteignung des Kommunalen, der Allmende, die Besitzlosen in ausbeuterische Arbeitsverhältnisse zwang, die damit nur formell frei waren.[10] Die geleistete Lohnarbeit entspricht nicht dem gezahlten Gehalt, da die Produktivität der Arbeit höher ist als deren Entlohnung, daraus entsteht Mehrwert. Der Akkumulationsantrieb des Kapitals begründet sich in der Mehrwertlogik, die Produktions-, Konsum- wie Lebenssphären durchdringt. In wirtschaftswissenschaftlichen Ansätzen finden sich zwei zentrale Denkrichtungen, die subjektiven und die objektiven Werttheorien. Subjektive Werttheorien bestimmen Wert durch Nutzen oder Nachfrage, objektive Werttheorien durch Arbeitskraft und -zeit, die in die Ware investiert werden. Für Marx, Vertreter der Arbeitswerttheorie, bildet Wert die Schlüsselkategorie des Kapitalismus, da Wert als gespenstische Abstraktion arbeitet und gleichwohl materiell wirkmächtig ist. Hierzu nimmt er die Unterscheidung von Gebrauchs- und Tauschwert auf: Der Gebrauchswert bezeichnet den praktischen Nutzen eines Gegenstandes, der Tauschwert den ökonomischen Zweck der Gewinnerzielung. Der Wert einer Ware, ihr Tauschwert, entsteht aus der Zeit, die Arbeiter*innen aufwenden, um diese herzustellen. Im Kapitalismus gilt das Primat des Tauschwerts, betont Moishe Postone: »Gebrauchswerte werden nur produziert, weil und insofern sie Träger von Wert sind. Das Ziel der Produktion ist also nicht nur der Gebrauchswert, sondern es ist der Wert – genauer gesagt: der Mehrwert.«[11] Waren erhalten durch ihre Preise ein allgemeines Äquivalent, ihre Wertform besteht in der Geldform. Nach Marx schreibt sich die Wertform tief in Gesellschaftsverhältnisse ein, schließlich ist sie »die abstrakteste, aber auch allgemeinste Form der bürgerlichen Produktionsweise« und somit auch »eine besondere Art gesellschaftlicher Produktion«.[12] Das Wertgesetz, durch das Geld zum allgemeinen Äquivalent wird, lässt Tauschwerte als quasinatürliche Eigenschaften erscheinen. Sie nehmen eine »phantasmagorische Form« an,[13] die soziale Beziehungen bestimmt. Daher sieht Postone im Wert keine reine Kategorie des Marktes, sondern des Gesellschaftlichen. Während traditionelle marxistische Lektüren die Kategorie des Wertes auf die Produktionssphäre beschränken, formt Wert im Kapitalismus gesellschaftliche Verhältnisse – und wird durch diese hervorgebracht. Daher sollte nach Postone die »Marxsche Theorie [...] auch als Versuch gesehen werden, die Grundlagen einer Gesellschaft zu analysieren, die durch die universelle Austauschbarkeit der Produkte charakterisiert ist«.[14] Die Wertlogik ist in ihren gesellschaftlichen Auswirkungen zu betrachten. Denn Wert bezieht sich nicht allein auf Waren, zuvorderst weisen Menschen einander Wert zu, angefangen bei der Inwertsetzung ihrer Arbeitskraft.

In diesem Sinne deutet Marx' Wertkritik die soziale Dimension des Begehrenswerts an, der sich als Bewertungslogik in Beziehungen einzuschreiben scheint. Darauf weist ebenso sein Konzept des Warenfetischs hin. In den kapitalistischen Konsumwelten scheinen Restbestände des Religiösen fortzuwirken, sie lassen die künstliche Gemachtheit von Wert in Vergessenheit geraten. Der sakrale Schimmer der Waren ist für den Begehrenswert bedeutend. Die moderne Marktgesellschaft bildet sich mit der aufklärerischen Säkularisierung heraus, doch sie bleibt von religiösen Vorstellungen beeinflusst, was Marx' mit seinem Konzept des Warenfetischs ironisch kommentiert. Während sich die Bürger seiner Gegenwart rühmten, gänzlich aufgeklärt zu sein, unterstellten sie den Menschen in Kolonien religiöse, animistische Rituale. Marx greift diesen überheblichen Gestus der Europäer auf und wendet ihn gegen sie, immerhin erliegen sie im Marktsystem dem Glauben an eine Natürlichkeit der Produktionsverhältnisse. Dieser Glaube an eine lenkende Macht des Marktes lädt künstliche Wertverhältnisse religiös auf.[15] Diese quasireligiöse Illusion des Warenfetischs verdeckt die Künstlichkeit von Wert und Warenform, naturalisiert das Wertgesetz und lässt vergessen, dass es sich um ein menschengemachtes Gesetz handelt. Im Zuge dessen erscheint der Preis nicht mehr als Effekt der Produktionsverhältnisse, stattdessen werden den Gütern der Status als Ware und mithin der monetäre Wert als dingliche Eigenschaften zugeschrieben.[16]

Wert, Warenform, Warenfetisch Marx' ökonomiekritische Konzepte lassen Konturen des Begehrenswerts als Wertform hervortreten. Genauso wie der Tauschwert beruht der Begehrenswert auf materieller Ausbeutung. Beim Begehrenswert von Waren ist offenkundig, dass deren Produktion auf ausgebeuteter Arbeitskraft beruht – etwa Modeartikel, die in den Maquilas in Mexiko hergestellt werden. In Bezug auf die soziale Dimension des Begehrenswerts stellt sich das schwieriger dar: Wer beutet wen durch symbolische Wertformen aus, wie schreibt sich Ungleichheit fort? Diese Fragen sollten wir im Hinterkopf behalten. Immerhin legt Marx' Kritik der Warenform offen, wie sich ökonomische Wertverhältnisse in soziale Bewertungen übersetzen, welche über Inwertsetzungen hergestellt werden. Derweilen muss man Marx' ökonomiekritische Perspektive entschieden erweitern, um die differentiellen Wirkungsweisen von Wert zu verstehen. In seiner Ausbeutungsanalyse berücksichtigt er die Besitzlosen, die englische Arbeiterklasse, weitgehend unbeachtet bleiben koloniale Ausbeutung und die Stellung unbezahlter Reproduktionsarbeit. In seiner Gegenwart wird der Gleichheitsanspruch der bürgerlichen Gesellschaft und das Fortschrittsversprechen des Marktes hochgehalten, während der nationalökonomische Wohlstand auf kolonialwirtschaftlichen Erträgen beruht, die man durch todbringende Gewalt eintreibt.[17] Nach Achille Mbembe bildet die koloniale Plantagenwirtschaft ab dem 17. Jahrhundert eine protoindustrielle Produktionsstätte, wobei die tödlichen Gewaltexzesse durch die Plantagenbesitzer und Sklavenhändler weit über ein wirtschaftliches Kalkül hinausgehen und rassistische Vernichtungsfantasien ausagieren.[18] Diese nekropolitische Ausbeutung geht einher mit der Ausbeutung feminisierter Arbeit. In der Marktgesellschaft entsteht das Leitbild der bürgerlichen Kernfamilie, sie organisiert sich entlang der Trennung zwischen öffentlicher und privater Sphäre, zwischen bezahlter und unbezahlter Arbeit.[19] Die Sorge-, Erziehungs- und Haushaltsarbeit, die gemeinhin Frauen zufällt, wird entwertet, da sie nicht als Arbeit anerkannt wird. Auf diese Weise garantiert die bürgerliche Ordnung des Begehrens die Reproduktion der Arbeitskraft bis in die Gegenwart. Obwohl das Ernährermodell kaum mehr gültig ist, leisten Frauen weiterhin den Großteil der unbezahlten Sorgearbeit, und zwar zusätzlich zu ihrer Lohnarbeit.

Die Begehrensordnung der bürgerlichen Familie ist als »gesellschaftliche Beziehung«[20] geregelt, die sich an der Wertlogik der Waren ausrichtet. Um dies besser zu begreifen, bietet sich Bini Adamczaks Begriff der Beziehungsweise an, den sie an Marx' Konzept der Produktionsweise anlehnt. Anders als bei der Produktionsweise, übersteigt der Begriff der Beziehungsweise »die abgegrenzte Sphäre des Ökonomischen«, deshalb kann er »die Trennungen reflektieren, die genealogisch in der Konstruktion der Ökonomie als eigenständiger Disziplin und Sphäre anwesend sind«.[21] Im Kern kapitalistischen Wirtschaftens steht die Warenbeziehung, durch die Menschen ihre Arbeitskraft als Ware veräußern müssen.[22] Da sie »die komplexen Beziehungsweisen des Geldes, des Kredits, des Kapitals voraussetzt und in sich aufnimmt, erscheint« sie als eine Beziehungsweise, die »Menschen verbindet, indem sie sie trennt«.[23] Immerhin »verknüpft sie die Bewohnerinnen der Erde in globalem Maßstab und setzt sie in ein Verhältnis allseitiger Abhängigkeit«, durch globale Waren- und Arbeitsketten, etwa »von Nahrungsmittel[n], Kleidungsstücken und Pflegekraft über Wasserversorgung, Elektrizität und Schienennetz bis zu Smartphone, Mailserver und Onlinedienst«.[24] Trotz dieser allumfassenden Abhängigkeit »stellt die Warenbeziehung« diese »nicht in Form einer kollektiven Aushandlung über die arbeitsteilige Befriedigung der Bedürfnisse her, sondern in Form eines verdinglichten Verhältnisses, nicht in Form eines gemeinsamen Miteinanders, sondern in Form einer individuellen Unabhängigkeit voneinander. Warenbeziehung erschafft Warenmonaden.«[25] Dergestalt »verwandelt sich das gemeinschaftliche Miteinander [...] in rivalisierenden Kampf gegeneinander«.[26] Im Blick auf Begehren und Begehrenswert zeigt sich Verknappung und Vereinzelung bei gleichzeitiger Abhängigkeit zu konkurrierenden Körpern in einer künstlich erzeugten Mangelökonomie, die Menschen soziosomatisch regiert und ihr Begehren reguliert:[27] Wie die Lohnarbeit, die »auf der Konkurrenz der Arbeiterinnen unter sich« gründet, beruht die »Liebesarbeit« auf Wettstreit.[28] Denn der »Liebesmarkt – nur paradigmatisch verräumlicht in Club, Kneipe, Netz, Party – basiert auf der Konkurrenz der Liebenden zueinander, wie jeder andere Markt einzig auf der Konstruktion von Knappheit«.[29] Dieser »spürbare Mangel [...] ist aufwendig installiert«, und zwar in »monetärer Oekonomie durch die Trennung von Produktionsmitteln und Produzentinnen, durch die Institution des Privateigentums« und in »sexueller Oekonomie durch die Institutionen Heterosexualität, Monogamie, Individu(alis)ierung/Singlierung usw.«.[30] Adamczaks Analyse der kapitalistischen Begehrensökonomie, in der die monogame Ordnung der romantischen Zweierbeziehung Lüste verknappt und Körper warenlogisch in begehrenswert und nichtbegehrenswert teilt, deutet auf die Logik des Begehrenswerts hin, der allmählich Gestalt annimmt. Er beschreibt die Mehrwertlogik des Kapitals in Begriffen des Begehrens. Während das Wertgesetz eine allgemeine Vergleichbarkeit schafft, hebt der Begehrenswert einer Ware deren scheinbare Singularität hervor, indem er diese semiotisch auflädt. Er bemächtigt sich der Konsumierenden mithilfe der Verheißung, dass die Anziehungskraft der Ware auf sie übergehe. Da die Wertform Beziehungen bedingt, schreiben sich Subjekte einander Begehrenswert zu. Vor diesem Hintergrund zeichnen sich drei Formen ab: erstens der Begehrenswert einer Ware, zweitens der Begehrenswert, der von der Ware auf die Käufer*in übergeht, drittens der Begehrenswert, den Menschen einander zuweisen.

Während der Wert einer Ware auf Makroebene den Preis bestimmt, prägt ihr Begehrenswert auf Mikroebene das feinmaschige Netz von Geschmacksurteilen. Er fasst folglich das Verhältnis zwischen Ware und Mensch. Seine Wirkung besteht darin, Waren begehrenswert erscheinen zu lassen – und ebenso ihre Konsument*innen. Beispielsweise fungiert ein berühmtes Gemälde in Privatbesitz als monetäres Spekulationsobjekt und als ästhetisches Kontemplationsobjekt. Sein ästhetischer Wert erhöht den Status der Eigentümerin. Ergo macht Begehrenswert Waren wie Menschen begehrenswert. Insofern entlehnt sich die Kategorie des Begehrenswerts dem Tauschwert, da er sich an keinen ursprünglichen Gebrauch rückkoppeln lässt, genau wie der Tauschwert, der sich im Gegensatz zum Gebrauchswert allein aus dem Handel mit Waren ergibt. Doch während der Tauschwert einer Ware monetär bezifferbar ist, bildet der Begehrenswert eine Wertkategorie, in der sich pekuniäre und affektive Wertigkeiten verschränken. Mithin umfasst er dingliche Waren, soziale Beziehungen und deren Wechselwirkungen. Somit gehen die Wirkungsweisen des Begehrenswerts über die Warenwelt hinaus und bedingen Beziehungen zwischen Menschen, die sich vermarkten und ihren Mitmenschen Wert zu- oder absprechen. In diesem Sinne gehen Sein und Haben ineinander auf: Wer begehrenswert wirkt, besitzt Begehrenswert, weil er ihn von anderen zugewiesen bekommt. Indem sich Menschen Begehrenswert beimessen, fungiert er als sozialer Bewertungsmaßstab. Diese Einschätzungen der Einzelnen richten sich nach ästhetischen und affektiven Vorgaben, anhand deren Schönheit und Sympathie, Aussehen und Auftreten eingestuft werden. Um das Wechselspiel zwischen Wertlogik und Beziehungen zu beobachten, eignet sich Begehrenswert als ökonomiekritische Wertkategorie.

Ökonomie als Begehrensökonomie

Wenn man untersuchen will, wie sich Menschen Wert zuweisen, sollte man beim Begehren beginnen und Ökonomie als Begehrensökonomie betrachten.[31] Wegweisend ist der Ansatz, den Gilles Deleuze und Félix Guattari in *Anti-Ödipus. Schizophrenie und Kapitalismus I* ausarbeiten.[32] Entgegen der Annahme, Begehren sei dem Subjekt innewohnend, wie sie etwa Simmel vertritt, erachten Deleuze und Guattari Begehren als prä-personell und relational.[33] Begehren gehört keinem Individuum und bildet nicht dessen inneren Ausdruck, stattdessen bestimmt es die Beziehungen zwischen Menschen, geht über den Einzelnen hinaus und übersteigt so die Vorstellung eines autonomen Individuums. Damit einhergehend betrachten Deleuze und Guattari Kapitalbewegungen in Verbindung mit Begehren. In dieser ökonomischen Hinsicht begreifen sie Begehren als Kraft, die Produktions- und Akkumulationsprozesse antreibt. Für sie besteht kein Unterschied zwischen politischen und libidinösen Ökonomien.[34] Gemeinhin geht man davon aus, der Markt sei von rationalen Interessen regiert, während libidinöse Ökonomien in der privaten Sphäre angesiedelt seien. Im Gegensatz dazu machen Deleuze und Guattari politische Ökonomien in ihren libidinösen Besetzungen sichtbar. Ökonomische Praktiken sind begehrlich aufgeladen – das betörende Rascheln der Geldscheine, der Adrenalinkick, wenn die Aktienkurve hochschießt, der Rausch des Warenkaufs.[35] Zudem verfährt Wirtschaft über Zugriffe auf Begehren. Sie schreibt sich in die Wünsche der Menschen ein mit dem Ziel, sie zu marktangepassten ökonomischen Subjekten zu machen. Die Geschichte kapitalistischer Gesellschaftsverhältnisse wird zur Versuchsreihe, durch Begehren ökonomische Ordnungen aufzurichten. Dennoch birgt Begehren für Deleuze und Guattari transformatives Potenzial, da es beständig gesellschaftliche Grenzziehungen übersteigt. Bestes Beispiel dafür bieten die Protestbewegungen rund um 1968, die mit bürgerlichen Rollenvorgaben brachen und darauf setzten, die kapitalistische Produktionsweise hinter sich zu lassen. In dieser Überschreitungsbewegung liegt für Deleuze und Guattari die Hoffnung, Begehren könne den Kapitalismus zum Kollabieren bringen. Die Betrachtung der Gegenwart ernüchtert diesen Glauben an die revolutionäre Kraft des befreiten Begehrens.

Offenkundig ist es gelungen, gelockerte Gesellschaftsverhältnisse und dereguliertes Begehren mit der wirtschaftlichen Ordnung zu vereinen. Menschen können etwa nach 1968 liberal leben und dennoch marktkonforme ökonomische Subjekte sein. Während einige Elemente freigesetzt werden, werden andere erneut eingehegt. Eine Kritik der politischen Ökonomie des Begehrens sollte bei ebenjenen Einhegungen ansetzen. Hierfür bietet das Begriffspaar der De- und Reterritorialisierung, das Deleuze und Guattari entwickeln, ein hilfreiches Werkzeug.

Zu untersuchen ist, wie Begehren in der Wertlogik rational reguliert wird und die affektive Anziehungskraft des Authentischen ökonomisch nutzbar gemacht werden kann. Ein Begriffspaar wie Rationalität und Irrationalität, welches Wert mit rationaler Wertlogik und Begehren mit irrationaler Gefühligkeit verknüpft, wäre wenig förderlich, weil es den Kontrast von Passion und Kalkulation überzeichnet, statt das virtuose Zusammenspiel zwischen Affekten und Wirtschaft aufzuzeigen. Dahingegen bietet das Begriffspaar von Deleuze und Guattari ein geeignetes Methodenwerkzeug, da es das Rationale und das Affektive in ihrer geteilten Bewegungslogik zu beschreiben sucht. Deterritorialisierung und Reterritorialisierung bezeichnen Bewegungen von Begehren und Kapital. Auf Ebene des Kapitals äußern sie sich wie folgt: Um zu zirkulieren, wird Kapital entgrenzt, es wird deterritorialisiert – etwa das globale Spekulationskapital der Finanzwirtschaft. Gleichsam wird Kapital reterritorialisiert, wenn es an die wirtschafspolitische Ordnung von Nationalstaaten rückgebunden wird.[36] Während sich das Finanzkapital von Nationalgrenzen entbindet, binden es staatliche Marktinterventionen zurück.[37] In ähnlichen Bewegungen wird Begehren entbunden und rückgebunden, diese Dynamik umfasst Wert und Werte und führt uns zu Nietzsches Wertphilosophie.

In den Geltungsgeschichten moderner Wertbegriffe zeigen sich die Verbindungen zwischen Begehren und Wert, Ökonomie und Ethik. Das moderne Wertparadigma wandelt sich im 19. Jahrhundert in Übersetzungsbewegungen zwischen Moral und Wirtschaft, zwischen Wertphilosophien und wirtschaftswissenschaftlichen Werttheorien.[38] Sie finden sich etwa in Kants Rede vom absoluten Wert, ein Vokabular, das er ökonomischen Diskursen entlehnt.[39] Während philosophische Diskurse gewöhnlich ethische Werte vom wirtschaftlichen Wert-Nutzen-Kalkül abgrenzen oder im merkantilen Treiben eine Ethik der Chancengleichheit erkennen wollen, nähert sich Nietzsche Ethik und Ökonomie in ganz anderer Weise.[40] Seiner Ansicht nach werden Menschen durch Wertordnungen moralisch und wirtschaftlich ungleich gemacht. Einen axiologischen Angriffspunkt bieten ihm moralphilosophische Annahmen eines übergeschichtlichen, metaphysischen Wertegestirns, das sich ewigwährend über das Weltgeschehen wölbt.[41] Für Nietzsche sind Werte menschengemacht. Sie wandeln sich geschichtlich und sind von Macht durchsetzt. Anhand von Schuldenregelungen im römischen Recht beschreibt er, wie ökonomische Wertabschätzungen mit moralischen Bewertungen einhergehen und sich als affektive Beurteilungsakte erweisen. Die Regelungen sahen vor, dass der Schuldner im exakt taxierten Äquivalent zur Höhe seiner Schulden Schmerzen erleidet, an denen sich der Gläubiger zum Zwecke der Wiedergutmachung ergötzen darf, die sadistische Lust am Schmerz des anderen wird zur ökonomischen Kompensation.[42] Diese Lust erscheint legitim, weil der Schuldner als moralisch schuldig angesehen wird, wie für Nietzsche schon die semantische Nähe von Schuld und Schulden andeutet.[43] Er weist auf gewaltsame Wirkungsweisen des Bewertens hin, die affektiv aufgeladene, verkörperte Praktiken bilden.[44] Ökonomische Wertsetzungen, moralische Bewertungen und affektive Erregungszustände spielen ineinander.

Nietzsche macht ersichtlich, wie Wertordnungen über die Gleichmachung des Ungleichen verfahren und mit Formen der allgemeinen Vergleichbarmachung arbeiten, die Menschen als besser oder schlechter, wertvoll oder weniger wertvoll kategorisieren und diese regierbar machen – ganz im Sinne des Prinzips »Teile und herrsche«. Die Kategorie des Wertes bildet die Schnittstelle von Ökonomie, Ethik, Ästhetik und Semiotik. Für Nietzsche ist der Mensch zuvorderst ein wertsetzendes Wesen. Nicht der kühle Verstand fällt Werturteile. Menschen sind weniger Vernunft- als Affektwesen. Sie errichten sich zweckrationale Strukturen, in denen sie ihre affektiven Regungen ausleben. Wert rührt also aus dem Verlangen, nicht der Vernunft. Da Menschen maßgeblich von Affekten motiviert sind, schöpfen sie aus ihrem Begehren Wert. Die Werte, die sich ans Begehren binden, können monetär und materiell sowie ethisch und symbolisch sein. Sie verweben sich zu Wahrnehmungs- und Bewertungsmustern. Affektive Werturteile sind in zweckrationale Rechenmuster eingefasst, wodurch sie zu ökonomischen Praktiken werden. Zugleich sind Bewertungspraktiken moralisch aufgeladen. Indem Auf- und Abwertungen mit Attributen wie besser oder schlechter verbunden sind, bilden sie Machtakte. Nietzsche erinnert daran, dass *gut* und *böse* gehobene oder niedrige Herkunft bezeichneten, da *gut* von *vornehm* oder *höhergestellt* und *schlecht* von *schlicht* abstammt und mit *arm* übersetzbar ist.[45] Diese Etymologie deutet darauf hin, wie moralische Werturteile aus Ungleichheiten herrühren. Sie zeugt so von der Geschichtlichkeit von Werten. Ein Wert bringt immer eine Geschichte mit sich und diese Wertgeschichte formt unsere affektiven Wahrnehmungsweisen. Wir interpretieren die Welt, indem wir ihren Erscheinungen Sinn zusprechen. Dadurch sind Wertsetzungen semiotisch. Indem man einem Gegenstand Wert zuweist, schreibt man ihm Sinn zu. Mit jeder Sinnzuweisung fällen wir ein Werturteil.[46] Wert bringt performativ das Bewertete hervor. Also arbeitet Wert im Ästhetischen, wo die Bewertung des Wahrgenommenen das Sinnliche einteilt. Weil sich Wahrnehmungsraster aus Wertigkeiten zusammensetzen, die geschichtlich variieren, sind Bewertungsmuster dem Wandel unterworfen. Um Wandlungsbewegungen in ökonomischen und moralischen Wertordnungen zu begreifen, hilft erneut Deleuze' und Guattaris Begriffspaar der De- und Reterritorialisierung.[47] De- und Reterritorialisierung gehen wellengleich ineinander über. Werte entbinden sich in einem Feld und werden in einem anderen Feld in anderer Form erneut eingebunden Die Wiederholungsbewegung ist eine Differenzbewegung. Etwa wurde mit der modernen Marktgesellschaft die Wirtschaft dem Familiären entbunden, man kann dies als Deterritorialisierung ökonomischen Werts begreifen, vom hauswirtschaftlich gebundenen Gebrauchswert hin zum kapitalistisch entgrenzten Tauschwert. Ebenso wurden moralische Werte zum Ende der Monarchie aus der feudalen Ordnung entbunden, sie deterritorialisierten sich. Jedoch wurde die Liberalisierung rückgebunden, und zwar in die bürgerliche Gesellschafts- und Geschlechterordnung. So schränkten die Regierenden die Rechte von Frauen Anfang des 19. Jahrhunderts sogar noch stärker ein, als dies zuvor der Fall war.[48] Dadurch reterritorialisierten sich moralische Werte, die Ungleichheit rechtfertigten, wenn auch in neuen Weisen. Anstelle von biblischen ersann man biologistische Begründungen. Frauen seien »naturnäher und geistferner« und deshalb nicht als politische Subjekte anzusehen.[49] Diese moralische Rückbindung in geschlechterpolitische Ungleichheit soll die vergeschlechtliche Arbeitsteilung legitimieren, die eine Grundbedingung für den deterritorialisierten Mehrwert im aufkommenden Kapitalismus darstellt. Oft geht ökonomische Deterritorialisierung mit der Deterritorialisierung gesellschaftlicher Wertvorstellungen einher, die jedoch alte Bewertungsraster in veränderter Form fortsetzen und sich so reterritorialisieren. Ob man Wertideen aus der Wertphilosophie oder der Wertkritik ableitet, ihnen ist eigen, dass Bewertungen Differenzbewegungen vollziehen, die das eine vom anderen scheiden. Mithin vollbringt das Wert- und Geschmacksurteil einen Machtakt.

In Begriffen des Begehrens gesprochen bildet der Akt, das eine dem anderen vorzuziehen, eine Frage der Attraktivität und der Affekte. Aus Präferenz wird Profit.

Ethik und Ökonomie stellen keine getrennten Register dar. Zwar können moralische Werte dazu dienen, die ökonomischen Inwertsetzungen von Menschen anzufechten, doch sie dienen genauso dazu, die Ausbeutung zu legitimieren. Moderne Wertordnungen der Ungleichheit, moralische wie ökonomische, beruhen auf Einschreibungen »starker Differenz«[50] von Klasse, Geschlecht und Rassismus. Diejenigen, die als anders markiert sind, werden in höherem Maße ausgebeutet. Diese differentielle Ausbeutung[51] verfährt entlang der Internationalen Arbeitsteilung. Westliche, um Ideale der Individualität und Authentizität kreisende Konsumsphären werden erst durch die massive Ausbeutung anderer ermöglicht. Für die biopolitische Pflege der einen bedarf es der nekropolitischen Ausbeutung der anderen als bloße Masse von Arbeitskräften.[52] Bemüht blenden reiche Gesellschaften aus, wie sehr ihr Lebensstil von der Ausbeutung anderer abhängt.[53] So gesehen mündet die Inwertsetzung von Menschen darin, ihnen biopolitischen Wert zu- oder abzusprechen. Die Produktion von Subjektivität in weißen, westlichen Mittelklassen verschleiert die Produktionsverhältnisse globaler Ungleichheiten. Um diese Grundstrukturen differentieller Ausbeutung zu bedenken, muss man bei den verschiedenen Auswirkungen ansetzen, bei den konkreten Körpern, die betroffen sind. Man kann daher von keinem universellen ökonomischen Subjekt ausgehen.[54] Schließlich werden all jene am stärksten ausgebeutet, deren Körper mit Differenzeinschreibungen markiert sind. Diese Inwertsetzung geht kapitalismusgeschichtlich mit moralischen Wertordnungen einher, in der alle, die nicht den Normen weißer, bürgerlicher Männlichkeit entsprechen, nicht als vollwertige ökonomische und politische Subjekte anerkannt werden. Ihre Arbeitskraft und ihre Körper werden als verfügbar angesehen, als produzierende und konsumierbare Körper. Deshalb ist es unerlässlich, Ökonomie ausgehend von differentieller Ausbeutung zu betrachten. Für eine feministische Ökonomiekritik, wie sie dieses Buchs verfolgt, bedeutet das, die Arbeits- und Ausbeutungsverhältnisse im Blick zu behalten, von denen westeuropäische Konsumwelten abhängen, und zu untersuchen, welche sozialen, symbolischen und monetären Wertordnungen und Differenzeinschreibungen darin wirken. Nicht alle Körper werden gleich behandelt, ob als Arbeits- oder Konsumkörper. Über die Einschreibung von Differenz verstärken sich ökonomische und moralische Wertordnungen. Es gilt, Wirtschaft und Wertlogik ausgehend von Körpern zu betrachten und den Kapitalismus als differentielle Körperökonomie zu begreifen. Konsum zeigt sich so zuallererst als verkörperte Praktik, als affektive, ästhetische Arbeit. Wessen Körper wird Differenz zugewiesen, wer wird wie ausgebeutet? Wie wird Begehrenswert verkörpert und wem auf welche Weise zugeschrieben?

Soziale, politische Differenz und ökonomische Ungleichheit übersetzen sich in Distinktionen. Frühe Distinktionspraktiken bildeten sich im höfischen Leben heraus. Der aristokratische Habitus bestand im regulierten »Affekthaushalt«[55] der selbstkontrollierten Gesten und Bewegungen. Die aufkommende Bürgerschaft übernahm die Distinktionspraktiken in veränderten Formen, um sich ihrerseits von der Arbeiter*innenklasse abzuheben. Ein Distinktionsmerkmal liegt in der Kultivierung des Geschmacks. Er prägt im Laufe der Moderne immer breitere Gesellschaftsschichten. Obwohl die Sphären von Kultur und Konsum durchlässiger werden, setzt sich die soziale Wertordnung des Geschmacks fort. Pierre Bourdieu schreibt dazu: »Der Geschmack ist die Grundlage alles dessen, was man hat – Personen und Sachen –, wie dessen, was man für die anderen ist, dessen, womit man sich selbst einordnet und von den anderen eingeordnet wird. Die Geschmacksäußerungen […] sind die praktische Bestätigung einer unabwendbaren Differenz.«[56] Nach Bourdieu sind Strukturen der Ungleichheit nicht nur von monetärem Kapital, sondern auch von symbolischem und kulturellem Kapital bedingt, das durch Bildung und Erziehung erlangt wird.[57] Wie wir uns bewegen, worin wir uns kleiden, wie wir das Essensbesteck führen, welchen Sportarten wir nachgehen, welche Speisen wir vorziehen, welche Kommunikationsskills und Konservationskunst wir an den Tag legen – all diese alltäglichen Praktiken machen feinstofflich unseren Habitus aus. Er prägt die Wahrnehmungsmuster unserer Welt und unseres Selbst. Habituelles Wissen schreibt sich in Körper ein und drückt sich in deren Gesten und Bewegungen aus. Der kultivierte Geschmack ist Abgrenzung nach unten, durch häufig unbewusste Werturteile. Ob die Auswahl des Kaschmirschals, das Lob der Weinsorte oder die Handhabung des Essensbestecks – habituelle Handlungen vollziehen mikrosoziale Wertungen. Geschmacks- und Verhaltensdistinktionen markieren ökonomischen Abstand, gleichwohl bilden sie moralische Werturteile.

Angesichts dieser Dynamiken von Differenz und Distinktion zeichnet sich der Begehrenswert am Kreuzungspunkt von ökonomischen, moralischen und symbolischen Wertordnungen ab. Ausbeutung verfährt differentiell, so die ökonomiekritische Ausgangslage, daher wird diese Perspektive von Produktions- auf Konsumtionsverhältnisse ausgeweitet. Wenn man etwa auf den Begehrenswert in der Werbewelt blickt, die Körper neben Waren präsentiert, zeigt sich schnell ein Blickregime, dass die einen zu konsumierenden Subjekten und die anderen zu konsumierbaren Körpern macht. Nicht alle werden gleichermaßen als ökonomisches Subjekt adressiert, obwohl die Normen durchlässiger geworden sind.[58] Um nicht die undifferenzierte Rede von einem einheitlichen ökonomischen Subjekt zu übernehmen, liegt die Aufmerksamkeit auf konsumkulturellen Differenzzuschreibungen und Distinktionspraktiken.

Konsumgeschichten und Verausgabungsökonomien

Während sich marxistische Ökonomiekritik auf Produktionsverhältnisse konzentriert, rücken Analysen des ästhetischen Kapitalismus die Konsumsphäre in die Aufmerksamkeit. Die Kritik der Konsumgesellschaft steht in einer langen Linie, von Thorstein Veblens 1899 veröffentlichter *Theorie der feinen Leute*[59] über Werner Sombarts 1922 erschienenen Studie zu Liebe, Luxus und Kapitalismus[60] zu den Schriften Georges Batailles.[61] Diese Analyseperspektive hat den Vorzug, dass sie – ähnlich wie Deleuze und Guattari – weniger das Bedürfnis und mehr das Begehren betrachtet.

Auf diese Weise werden die Produktionsbedingungen von ökonomischen Subjekten und deren Arbeit an sich selbst in den Blick genommen.[62] Welche affektive und ästhetische Arbeit müssen Menschen leisten, um als erfolgreiche ökonomische Subjekte angesehen zu werden? Wie wirken Wertvorstellungen, Konsumpraktiken und Warenverhältnisse mit Beziehungen zusammen?

Jede Gebrauchsweise eines Guts ist in semiotische Netze eingewoben. Der Zauber der Werbe- und Warenwelten prägt den profansten Alltagsgebrauch. Nach Jean Baudrillard werden Bedürfnislogik und Nützlichkeitsprinzip im Konsum ausgehebelt, da Güter mit Wert bedacht sind, der sie von ihrem praktischen Gebrauch entkoppelt, zum Beispiel zeigt sich die Waschmaschine »als Element von Komfort, Prestige usw. Ebendies ist das Feld des Konsums«, in dieser »Logik der Zeichen [...] sind die Objekte überhaupt nicht mehr an eine Funktion oder an ein bestimmtes Bedürfnis gebunden«.[63] Um diese Wertschöpfung aus dem Ästhetischen zu bezeichnen, kursieren verschiedene Begriffsvorschläge. So spricht Baudrillard angesichts des semiotischen Spiels von Gebrauchsgegenständen von einem Zeichenwert.[64] Und Gernot Böhme entwickelt ausgehend von Theodor W. Adorno den Begriff des Inszenierungswerts, der das ästhetische Surplus von Kunst- und Designobjekten beschreibt, also von

Waren, die auf besondere Weise hergerichtet und »in der Tauschsphäre inszeniert« werden.[65] Allerdings scheinen beide Begriffe – Zeichenwert und Inszenierungswert – zu zweckrational, um affektive und ästhetische Arbeitsweisen von Bewertungspraktiken zu beschreiben. Baudrillards Begriff des Zeichenwerts beschränkt sich auf die semiotische Dimension. Und Böhmes Begriff des Inszenierungswerts bietet sich zwar zur Analyse von Designobjekten an, nicht jedoch für die *messiness* menschlicher Beziehungen, die weit über intendierte Inszenierungen hinausgehen. Um zu begreifen, wie sich Wertlogik in Beziehungen einschreibt, bedarf es des Begehrenswertbegriffs. Er geht weit über die Ästhetisierung des Konsums hinaus und hinein ins Beziehungsgeschehen, in dem Menschen einander bewerten.

Die Kritik des ästhetischen Kapitalismus legt die Betrachtung von Ökonomie als Begehrensökonomie nahe. Denn wenn man Kapitalismus als rein zweckrationales, bedürfnisorientiertes System begreifen will, stößt man schnell an Grenzen. Befriedigt werden allenfalls die Bedürfnisse der besitzenden oberen Prozent, zum Preis der Zerstörung von Menschenleben und Natur, angefangen bei der kolonialen Gewalt bis hin zur Klimakatastrophe, die am stärkesten zulasten derer geht, die am wenigsten dafür verantwortlich sind.[66] Um die zerstörerischen, wenig zweckrationalen, exzessiven Züge des Kapitalismus und dessen Zyklen der Verschwendung in den Blick zu nehmen, lohnt es sich, bei Georges Bataille innezuhalten.[67] In seiner Ökonomietheorie legt er dar, wie Luxusgüter, wie Juwelen als Objekte zur Verschwendung verführen und eine sakrale Aura entfalten.[68] Sie sind Elemente einer umfassenden Ökonomie der Verausgabung, so Bataille, die sich quer durch die Kulturgeschichten zieht. Er beschreibt sie in Ritualen der Verschwendung, wie Karneval, die den wiederkehrenden Phasen der Askese weichen. Zyklen der Verausgabung sind seiner Ansicht nach dem kapitalistischen Kreislauf inhärent. Neben den dionysischen, destruktiven Dynamiken scheint kapitalistisches Wirtschaften aber von asketischen, nahezu apollinischen Prinzipien geprägt. Nach Max Weber begründet sich der Geist des Kapitalismus in der protestantischen Ethik, vor allem in calvinistischen Glaubenssätzen, die sich ab dem 16. Jahrhundert in Westeuropa verbreiten.[69] Wurden vormals Habgier und Geiz verteufelt, werden Handelsgeschick und -gewinn nun zu Zeichen der Gottessegnung umgedeutet. Anders ausgedrückt, der Kapitalismus beruht auf einer Umwertung von Begehren und Begierden. Die religiöse Aufwertung von Profit und Privateigentum stiftet den Geist für die neue ökonomische Wertordnung. Gewinnstreben und Besitzbegierde werden zweifach moralisch aufgewertet. Besitzbegehren erscheint göttlich abgesegnet und dient dem Wohl der Nationalökonomie, weil es zum allgemeinen Wirtschaftswachstum beiträgt. In den calvinistischen Gemeinschaften, die Weber beschreibt, steht die Leistungsethik im Vordergrund, weniger der persönliche Konsum. Doch der apollinisch-asketische Geist, der für bürgerliche Leistungsethik, sparsames Haushalten, enthaltsames Leben und gezügelte Leidenschaften einsteht, tritt gemeinsam mit dem dionysisch-verschwenderischen Geist des Kapitals auf. Der Akkumulationsimperativ des Kapitals, mehr und mehr zu erwirtschaften, benötigt das protestantische Leitprinzip von Leistung und Selbstkontrolle ebenso wie das Begehren nach Mehrwert, das dionysische Dynamiken befördert. Ein bekanntes Beispiel, wie asketische Leistungsethik mit verschwenderischen Verausgabungen zusammenfällt, ist die Tulpenmanie Anfang des 17. Jahrhunderts, die sich just in den calvinistischen Niederlanden ereignete. Dort nahm die Leidenschaft für Tulpenzwiebeln manische Züge an, sodass deren Preise 1634 in schwindelige Höhen stiegen. Zwischenzeitlich entsprach der Preis einer einzigen Zwiebel dem dreifachen Kaufpreis eines Hauses in der Stadt. Diese botanische Besessenheit rief eine der ersten Spekulationsblasen hervor, die 1637 platzte, worauf der Tulpenzwiebelpreis rasant fiel.[70] Solche kollektiven Kaufräusche legen offen, dass die Wertlogik des Markts weniger als rein rationale Ordnung denn als affektiv angetriebenes Geschehen anzusehen ist. Ebendeshalb sollte sie ergänzend zum Tauschwert über den Begehrenswert erschlossen werden.[71] Kapitalistische Lebenswelten sind keine Räume kühler Vernunft. Schon die Grundfigur des ökonomischen Menschen, des Homo oeconomicus, wird von frühen Theoretikern des Marktes wie Bernard Mandeville als Begehrensmensch beschrieben, der von seinen Leidenschaften getrieben ist und dessen Regungen wie Neid und Gier der nationalen Wirtschaft förderlich sind.[72] Während der ökonomische Mensch als Arbeits- und Produktivkraft strebsam, fleißig und diszipliniert sein muss, soll er seine Konsumkraft durch Genuss entfalten.

In der Konsumsphäre wird der ökonomische Mensch in seinen Wünschen und Leidenschaften adressiert. Er zeigt sich in der Gestalt des Kunden, angezogen von der Schaufensterauslage auf der Suche nach gekauftem Glück. Obwohl dieser ökonomische Mensch als produktives Subjekt weiß, bürgerlich und maskulin markiert ist, verkörpert er sich in anderer Form in der Figur der Konsumentin. Im 19. Jahrhundert taucht in Gustave Flauberts Romanwelt Emma Bovary als entzauberte Romantikerin auf. Getrieben von naiver Liebessehnsucht und nervöser Langeweile erliegt sie dem Kaufrausch. Sie wird zum Idealtypus der ungehemmten Käuferin, die entlang von Geschlechterstereotypen gezeichnet wird. Die Schaufensterauslagen laden die bourgeoisen Einkäufer*innen dazu ein, sich auszustaffieren, um sich stilecht in Szene zu setzen. Beständig auf der Suche nach der bevorzugten Teesorte, dem schmeichelnden Kaschmirschal, dem adäquaten Füllfederhalter, dem passenden Parfüm, um den ausgewählten Geschmack und die einzigartige Persönlichkeit zu kultivieren. In dem profanen Leben der Moderne verspricht die Warenwelt im Kauf und Konsum das Erleben seiner selbst. Bei diesem Warenzauber spielte Luxus stets eine große Rolle. Ein Beispiel für die verheerende Verschwendungssucht und die brutale Verwertung, die ihr zugrunde liegt, sind Diamanten. Seit 1888 betreibt die südafrikanische Firma De Beers Handel mit Diamanten. Sie hat ihren Geschäftssitz in Luxemburg und profitierte von der europäischen Kolonial- und der späteren Apartheidspolitik. Obwohl sie das Monopol im Edelsteinmarkt verloren hat, stellt sie nach wie vor die weltweit größte Diamantenproduktion, steht weiter unter Kartellverdacht und wird seit Langem des Handels mit Blutdiamanten bezichtigt.[73] Das Storytelling macht aus einem Mineral ein sagenumwobenes Symbol von Liebe und Luxus. A Diamond *is forever* – so lautet seit den 1940er-Jahren der Werbeslogan des wirtschaftsstarken Unternehmens, das sich »Home of Diamonds since 1888« rühmt. Als Ware ist der Diamantring von einem semiotischen Netz amouröser Assoziationen umwoben, darin entfaltet sich sein Begehrenswert. Der richtige Ring – der richtige Schliff, die richtige Farbe, die richtige Karatzahl – zeugt von wahrer Liebe. Wenn man jemanden wirklich liebt, weiß man, welchen Schliff er oder sie bevorzugt, so die beiläufige Bemerkung des Modeberaters Tan in der Makeover-Serie *Queer Eye*. Der Ring soll die Wahrhaftigkeit der Gefühle bezeugten. Allerdings verschleiert die Aufmerksamkeit für individuelle Designvorlieben die Transaktion zwischen monetärem Wert und Begehrenswert, zwischen Ware und Besitzerin. In der heterosexuellen Tradition der Liebesgabe bemisst der monetäre Wert des Rings den Begehrenswert der Braut. Dieses altbekannte Motiv aktualisiert sich durch die Semantik der Authentizität, die die Auswahl des richtigen Ringes mit der Wahrhaftigkeit der Bindung gleichsetzt. Carrie, Protagonistin der Serie *Sex and the City*, lehnt den Ring des ersten Antragstellers ab, weil er aus Gold ist und ihr falsch erscheint. Sie fühlt sich durch die Auswahl nicht gesehen, schließlich heiratet sie den Millionär John Big, der sie mit einem exquisiten Ring mit schwarzem Diamanten überrascht, der ihre einzigartige Liebe auszudrücken vermag.

Der Begehrenswert wirkt im wirtschaftlichen Wechselspiel mit dem Tauschwert, indem ein hoher Tauschwert den Begehrenswert und ein hoher Begehrenswert den Tauschwert steigert. Dies betrifft im besonderen Maße Luxusgüter, je kostspieliger die Juwelierwaren sind, desto begehrenswerter werden sie, wie das Beispiel des Diamantrings bezeugt. Derweilen kann der Begehrenswert einer Ware auf ihre Käufer*innen übergehen. Weil ein Statussymbol wie eine Luxusyacht eine extrem hohe Summe erfordert, demonstriert der Kauf die finanzielle Potenz der Käufer*innen. Der Sexappeal der Yacht selbst liegt in ihrer Hochpreisigkeit, ihre Exklusivität erhöht ihren Begehrenswert. Doch wie man am Beispiel der Beziehungen zwischen den Yachtbesitzer*innen, die in Saint-Tropez anlegen, sieht, reichen die Yachten anscheinend nicht aus. Um ihren sozialen Status anzuzeigen, wetteifern sie um die Präsenz von Models, die am Pier flanieren und sich von den Besitzer*innen zu Partys an Bord einladen lassen.[74] Die kulturgeschichtlichen Assoziationen einer Luxusyacht verweben sich mit der sexuellen und sozioökonomischen Selbstinszenierung der Eigentümer und führen vor, wie Geschlechterökonomien und Konsumgeschichten ineinanderspielen.

Während Distinktionspraktiken dieser Art erst dem Adel und später dem betuchten Bürgertum vorbehalten waren, ist die Konsumkultur inzwischen für mehr Menschen zugänglich. Im frühen 20. Jahrhundert war die Warenproduktion auf Massen ausgerichtet, man stellte Massenwaren in standardisierten Serien her. Doch bereits in Zeiten der industriellen Massenproduktion zeichnen sich Züge des Individualitätszaubers ab, der für die zweite Hälfte des 20. Jahrhunderts wegweisend wird. Eine entscheidende Rolle kommt progressiven Avantgardebewegungen zu. Entgegen ihren politischen Absichten tragen ihre Ideen und Impulse dazu bei, Individuen weiter in die Wertlogik einzuhegen. Beispielsweise erkennt man in der Bauhaus-Schule Anfang des 20. Jahrhunderts deren sozialdemokratischen Gedanken, Wohnkomfort und Lebensraum über Klassengrenzen hinweg zu ermöglichen. Trotz der schablonenhaften Entwürfe der Wohnmodule, sind die Häuser von variierenden, aber wiederkehrenden Designdetails bestimmt, wie die Farbgebung von Fensterrahmen, sodass die Standardformen von Singularitätsmarkern durchsetzt sind. In dieser Hinsicht lässt sich eine Linie von Bauhaus zu IKEA ziehen – trotz des gravierenden Unterschieds, dass IKEA ein gewinnorientiertes Großunternehmen ist, das seine Produkte unter fragwürdigen Arbeitsbedingungen anfertigen lässt, wohingegen sich unter dem Dach der Bauhaus-Schule Künstler*innen und Architekt*innen gesellschaftskritisch engagierten. Vergleichbar ist jedoch der Einsatz von Standardisierung und Singularisierung. IKEA-Einrichtungen zeichnen sich durch kombinierbare Module aus. Die Variationsmöglichkeiten haben sich mit der Ausdifferenzierung der Geschmäcker vervielfacht. Gerade weil IKEA-Möbelstücke in so vielen westeuropäischen Haushalten auffindbar sind, macht das Unternehmen Individualisierungsangebote. Das zeigt sich im modularen Design, dessen Kombinationsmöglichkeit Spielraum lässt, um sie mit persönlicher Note zu arrangieren. Die Individualitätsmarker setzen sich in den Bilderserien der IKEA-Werbungen fort, intime und individuelle, alltagsfröhliche und behagliche Lebenswelten im Zeichen von Diversität. Sie spielen mit der Sehnsucht nach sozialer Sicherheit, emotionaler Wärme und authentischem Leben: »Wohnst du noch oder lebst du schon?« Die Bauhaus-Schule wollte sozialdemokratische Lebensstandards bieten und beförderte unfreiwillig die Einrichtungskultur der Gegenwart, die emotionale Ereignisse erzeugt und Lebensläufe prägt. Kindheitserinnerungen an das IKEA-Bällebad und Köttbullar im IKEA-Restaurant, dann Möbelkaufen für das Jugendzimmer und die erste eigene Wohnung, die Premiere des IKEA-Besuchs als Paar. Manche Magazine raten sogar zum Paarstresstest des IKEA-Möbel-Aufbaus, um die Stabilität der Beziehung zu erproben. Für den Fall, dass sich der gemeinsame Einkauf konfliktreich gestaltet, machte das Unternehmen ab 2017 ein intimes Angebot. *Die IKEA Paarberatung: Dein Coaching für die Liebe*: »Konflikte zwischen Partnern, die während des IKEA Einkaufs aufkommen, wollen wir noch im Einrichtungshaus konstruktiv lösen und bieten deshalb in unseren Einrichtungshäusern eine kostenlose, professionelle Beratung an.«[75] Der romantische Konsum soll ritualisiert und personalisiert werden. Das emotionale Konsumerlebnis, das IKEA bietet, will Einkaufsräume mit Lebenserinnerungen verknüpfen. Durch diese biografische Einbindung in das Leben ihrer Kundschaft, um die sich das Einrichtungshaus bemüht, entsteht der Begehrenswert der Marke IKEA.

In den Erlebniswelten des ästhetischen Kapitalismus gilt es, anregende Atmosphären zu kreieren, die Orte begehrenswert machen, sei es die gediegene Ausstrahlung der Hamburger Elbphilharmonie mit ihren organisch geschwungenen Logen, die raffiniert ausgeleuchtete Gemäldegalerie in München oder das Hipster-Café in Prenzlauer Berg, dem Alternativschick des Kiezes entsprechend mit Bänken aus Fritz-Cola-Kisten und unverputzten Wänden. Die Arrangements von Erlebnisorten sind daraufhin entworfen, atmosphärische Wirkungen zu erzeugen und Affekte zu intensiveren. In der Gastronomie wird der Begehrenswert nicht bloß von der kulinarischen Qualität von Speisen und Getränken, sondern auch von den ästhetischen Qualitäten der Atmosphäre beeinflusst. Eine Cocktailbar, die zahlungskräftige Klientel anlocken will, wird durch gedämpftes Licht, edel anmutende Ledersessel und diskrete Bezahlungspraktiken eine andere begehrliche Atmosphäre kreieren als eine Touristenbar, die mit preisgünstigen Longdrink-Angeboten Laufpublikum anziehen will. Die Cocktailbar soll den Eindruck erwecken, als gingen dort erlesene Gäste ein und aus, als würde dort selbst George Clooney einen Whiskey zu sich nehmen. Anstelle von preisgünstigen Longdrinks werden hochpreisige, hochwertige Getränke angeboten und statt vulgärer Anmachatmosphäre soll ein Ambiente der *sophisticated sexyness* vorherrschen, welches Wunschbilder zirkulieren lässt. Sie setzen Fantasien von Lustmomenten, von einem spannenderen Leben, von einem attraktiveren Selbst frei. Derweilen müssen begehrenswerte Atmosphären keineswegs sexuell konnotiert sein. Auch ein familienfreundliches Café in Prenzlauer Berg im ironisch gebrochenen Landhausstil, Möbeln im *shabby chic* und Kissen mit Blumenmustern, birgt Begehrenswert, der den Lebensstil einer sich als urban und modern verstehenden Mittelschichtfamilie anspricht und sich im Umsatz an Säften und Smoothies, glutenfreien Teigwaren und ayurvedischen Teersorten in monetären Wert übersetzt.

Wie der Begehrenswert mit warenförmigen Erlebnissen und Authentizitätserfahrungen spekuliert, zeigt sich besonders beispielhaft im Tourismus. Die Vermarktung von Städtereisen nach Rom oder Paris arbeitet mit dem urbanen Begehrenswert, den diese Orte besitzen. Tonangebend ist die PR-Methode des Storytellings, die eine Erzählung der Einzigartigkeit um den zu vermarktenden Ort spinnt, um den Zauber des Authentischen hervorzurufen, der in Zeiten, in denen der Massentourismus Imageprobleme hat, geschäftsfördernd ist. Indessen brauchen die meisten Metropolen kein neu ausgearbeitetes Storytelling, da sie bereits eine narrative Vergangenheit besitzen. Wer nach Rom oder Paris fährt, hat eine Fülle an Bildern im Kopf, die mitreisen und sich wie Schleier über die Stadt legen. Die kulturellen Repertoires in Film, Literatur, Kunst, Musik laden diese begehrlich auf und belegen sie mit Assoziationen, die ihnen einen spezifischen Reiz verleihen. Dieser Begehrenswert ist an bestimmte Konsumpraktiken gebunden wie das Ausprobieren der lokalen Küche.[76] Reisen soll authentische Erlebnisse ermöglichen, gerade dadurch werden ihre Konsum- und Kaufpraktiken gern vergessen gemacht. Tourismus ist ein Phänomen der Moderne, als Vorläufer gilt die Grand Tour, die Bildungsreise privilegierter, junger Adliger, die zu Orten mit hohem kulturellem Prestige pilgerten.[77]

Ab dem 19. Jahrhundert bildet sich der Tourismus als Freizeitindustrie heraus, die als Gefühlsindustrie arbeitet, weil Urlaubsreisen zu einem »festgelegten emotionalen Erlebnis«[78] führen sollen. Diese Entwicklung führt Yaara Berger Alaluf auf drei Gründe zurück: die Emotionalisierung der Natur, die Unterscheidung von Arbeitszeit und Freizeit und die Standardisierung des Tourismus.[79] Die affektive Aufladung der Natur beruht auf der Rousseau'schen und romantischen Engführung von Authentizität und Naturnähe: »[M]it dem Aufkommen der Romantik wurde die unzivilisierte Natur zum Gegenstand des Interesses und der Neugierde. Das romantische Denken führte gleichermaßen zu einer ästhetischen Wertschätzung der Natur in ihrer Authentizität wie zu einem neuen intellektuellen und spiegelbildlichen Interesse an der emotionalen Authentizität des Selbst.«[80] Diese Verbindung von Naturerlebnis und Selbstverhältnis zeigt sich zeitgenössisch in den unzähligen Strandaufnahmen, die in den Profilbildern digitaler Netzwerke auftauchen, der Augenblick am Meer als Moment echter Selbsterfahrung. Als Erlebnis- und Gefühlsindustrie etablierte sich der Tourismus erst ab den 1950er-Jahren.[81] Er erfuhr Aufwind im »Zeitalter der Authentizität«.[82] Beispielhaft beschreibt Berger Alaluf den Werdegang von Club Med, der seit den 1950er-Jahren die französische Reiseindustrie prägt.[83] Das unternehmerische Erfolgskonzept sieht vor, den Gästen sämtliche Alltagsaufgaben wie Einkaufen, Kochen, Kinderbetreuung abzunehmen und eine Fülle an Aktivitätsangeboten zu machen. Im Tourismus wandeln sich Erlebnisse zu Gefühlswaren: Die freie Zeit wird als zu konsumierende Zeit gestaltet, um den Urlaubsgästen möglichst intensive emotionale Ereignisse zu verschaffen.[84] Mit seinen Angeboten authentischer Erfahrungen führt der Tourismus vor, dass »eine standardisierte und durchrationalisierte Produktion nicht zwangsläufig zu [...] einer entfremdeten Konsumerfahrung [führt]«, und zwar durch die »unendliche Variation individueller Konsumerlebnisse«.[85] Die touristische Erlebnissphäre hat sich ausdifferenziert und private Räume weiter deterritorialisiert. Trotz des Erfolgs von Club Med ist die Pauschalreise in Verruf geraten. Wer sich am Strand selbst erleben möchte, dem ist angeraten, eine Individualreise zu planen. Auf der 2008 gegründeten Plattform Airbnb können Privatpersonen ihr Zuhause als Unterkunft anbieten. Airbnb gilt als »Musterbeispiel für die *Sharing Economy*« und den »kollaborativen Konsum«.[86] Indem das Zuhause zur bezahlten Urlaubsunterkunft zweckentfremdet und in ökonomische Transaktionen überführt wird, wird es deterritorialisiert. »Die Airbnb-Gäste versuchen, den touristifizierten und sterilen Räumen zu entgehen«, da die hier »stattfindende Kommodifizierung [...] mit fehlender Authentizität assoziiert« wird.[87] In Interviews mit Nutzer*innen wird die »Individualität einer Unterkunft, neben niedrigen Preisen, von Airbnb-Gästen als ausschlaggebend für ihre Motivation der Plattformnutzung angegeben – vor allem, da diese mit Authentizität verbunden wird«.[88] Umso bemühter sind Anbieter*innen, ihr Zuhause in einem »Wettbewerb um Authentizität«[89] zu bewerben. Die Inszenierung von Intimität verschleiert das kommerzielle Verhältnis, zumindest für die Mieter*innen. Auf diese Weise wird das deterritorialisierte Zuhause in einer Semiotik des Authentischen reterritorialisiert.

Zugleich zeugen die Bilderwelten des Tourismus von rassistischen Differenzmarkierungen, die Authentizitätsinszenierungen fortschreiben. Eine Werbetafel in einer Berliner U-Bahn-Station: ein Foto einer sonnigen Straßenkreuzung mit Gebäuden im Stil des Art déco. In der Bildmitte stehen drei junge Menschen, alle weiß, sommerlich farbenfroh gekleidet, ein Mann und zwei Frauen, eine der beiden hält ihr Smartphone hoch, um ein Selfie der kleinen Reisegruppe aufzunehmen. Im Hintergrund stehen Menschen of Color auf der Straße, sie richten ihre Aufmerksamkeit auf die Tourist*innen. Links im Bild ein rundes Logo, weiß und stempelartig über die Fotografie gelegt. »Authentic Cuba«, »autenticacuba.com«, »Cuba«

mittig, in altmodisch geschwungenem Schriftzug, der dem von Coca-Cola auffallend ähnlich sieht, darüber ein weißer Stern. Am unteren Rand der Fotografie steht: »authentisches Vergnügen«. In diesem Blickregime zeigt sich Authentizität als doppelte Zuschreibung. Während die Werbung die drei weißen Personen als Protagonist*innen und Konsumsubjekte präsentiert, werden die rassifizierten Personen zu Statist*innen, die das Bühnenbild für das Reiseerlebnis bieten. Sie fungieren als fröhliche, freundliche Einheimische, um das Authentizitätserlebnis der westlichen Tourist*innen zu gewährleisten. Während sie die drei ansehen, blicken diese nicht zurück, sie schauen in die Smartphone-Kamera, um ein Selfie aufzunehmen. Ihr Publikum sind ihre digitalen Netzwerke. Das Blickregime des Werbebilds kennzeichnet klar, wer als Konsumsubjekt angerufen und wer der Konsumerfahrung zugerechnet wird.

Um Waren begehrenswert zu machen, sind Strategien des Branding und Storytelling unverzichtbar.[90] Es gibt Waren, die aufgrund ihrer Markengeschichte strahlen, wie iPhones und Apple.[91] 1984 gelang es Steve Jobs, die Marke vom Konkurrenzunternehmen IBM abzugrenzen und einen Kult um Appleprodukte und seine Person als guruhaftem, genialen Schöpfer zu kreieren. Er etablierte ein Metanarrativ des Unternehmens, das neben dem kreativen Mythos von Silicon Valley für »technologische Überlegenheit, für Status, für bahnbrechendes Design«[92] steht. Indessen baut der Begehrenswert von Apple auf ethischen Werten auf. Jobs, Mitbegründer und später CEO des Unternehmens, zeigte sich zeitlebens als buddhistischer Veganer und Bob-Dylan-Fan. Er verkörpert vorbildlich die Synergie von kalifornischer Hippiebohème und Start-up-Unternehmergeist. Unter seiner Anweisung erstellte die Werbeagentur TBWA den Spot »1984«, der im namensgebenden Jahr erschien und den Macintosh, der in knallbunten Produktserien angeboten wurde, als Rebellion des freigeistigen Individualismus gegen die Diktatur der grauen Uniformität darstellt. 1997 entwarf TBWA dann die *Think different-Kampagne* für das Unternehmen. Der Werbespot präsentiert Porträts von Personen wie Bob Dylan, Albert Einstein, Pablo Picasso, Mahatma Gandhi und Martin Luther King, deren revolutionärer Geist mit dem Esprit des Unternehmens und seiner Klientel korrespondieren soll.[93] Die Mythenbildung um Start-up-Legenden wie Apple setzt sich in einer Reihe an Biopics fort. Neben der 2019 auf Netflix erschienenen Dokuserie *Der Mensch Bill Gates* gibt es zwei Filmbiografien über Steve Jobs: *Jobs* (2013) mit Ashton Kutcher und *Steve Jobs* (2015) mit Michael Fassbender. Im früheren Film spielt Kutcher Jobs als eigenwilligen und egozentrischen Aufsteiger, der seinen

Mitstreiter*innen durch sein Perfektionsstreben das Leben schwer macht. Als ihn die Führungsetage ausschließt, weil sie fürchten, dass seine Ambitionen, in denen er Vision über Kalkül stellt, die Profitabilität von Apple gefährden, fällt er in eine Sinnkrise. Doch weil er sich heldenhaft weigert, seine Vision aufzugeben, kann er triumphierend zurückkehren, um den Siegeszug des Unternehmens fortzuführen. In dieser Dramaturgie sind es die menschlichen Schwächen, seine Fehler im Umgang mit anderen wie die Weigerung, seine uneheliche Tochter anzuerkennen, die Jobs' Genialität authentischen Anstrich geben. Obwohl er 2011 verstarb, leben seine Produkte fort. Sobald ein neues iPhone auf den Markt kommt, bilden sich vor den Geschäften Schlangen.

Wie das Apple-Symbol in seiner Strahlkraft bezeugt, werden Kund*innen zu Gläubigen, CEOs zu Gurus.[94] Konsumgüter werden mit kulturellem Wert befrachtet, um ihnen den Anschein des Authentischen zu verleihen. »Die postindustrielle Ökonomie ist um Güter zentriert, die für die Konsumenten primär kulturelle Qualitäten und einen kulturellen Wert haben und zugleich einen Anspruch auf Einzigartigkeit (Authentizität, Originalität, etc.) erheben.«[95] Bei diesen Konsumgütern handelt es sich »mehr und mehr […] um Ereignisse, mediale Formate oder maßgeschneiderte Dienstleistungen«, sie »sind Affektgüter, die von ihren emotionalen Effekten und Identifikationsmöglichkeiten leben«.[96] Im ästhetischen Kapitalismus dreht es sich nicht allein um dingliche Waren, wie das hellgraue MJÖLVIK Boxspringbett von IKEA oder das iPhone X, es geht um den Konsum von emotionalen Erlebnissen. Wie die Entwicklungslinie von Bauhaus zu IKEA andeutet, verändert sich der Status des Begehrenswerts. Zum einen aufgrund von globalisierten Märkten und digitalen Aufmerksamkeitsökonomien, zum anderen durch den gesellschaftlichen Paradigmenwechsel vom Allgemeinen zum Besonderen.[97] Je globaler die Märkte werden, je mehr Waren um die Aufmerksamkeit von Kund*innen konkurrieren müssen, desto nötiger wird es, ein Produkt als besonders anzupreisen und mit dessen Begehrenswert zu spekulieren. Während die Ästhetisierung des Konsums früher Luxuswaren oder einer prominenten Marke wie Coca-Cola vorbehalten war, stellt sie mittlerweile den Regelfall dar. Darin zeichnet sich der konsumkulturelle Wandel von fordistischen zu postfordistischen Produktionsverhältnissen ab. Seit den 1980er-Jahren befördern verschlankte Produktionsweisen anstelle von standardisierten Massenwaren individualisierte Waren, die in kleineren Mengen hergestellt werden, sodass Unternehmen flexibel auf die Nachfrage reagieren können. Man kann diese veränderten Produktions- und Konsumtionsverhältnisse in den breiten Zusammenhang eines gesellschaftlichen Wandels setzen, den Andreas Reckwitz als Wandel der sozialen Logik des Allgemeinen hin zur Logik der Singularitäten fasst.[98] In dieser Logik des Besonderen erweitern sich die Konsumpraktiken. War es vormals betuchten Oberklassenangehörigen vorbehalten, ihren Stil zu kultivieren, ob Emma Bovary, die im Kaufrausch der ehelichen Ödnis entfliehen will, oder der feingeistige, durch die Passagen wandelnde Flaneur, ist es Standardanspruch geworden, sich ein Stück weit konsumkulturell in Szene zu setzen. Nachdem man durch die toyotistische *Lean Production*[99] breiten Konsumentenmassen individualisierte Produktserien anbieten konnte, verfeinern sich Distinktionsdynamiken: War es für Mittelklassen der 1950er-Jahre erstrebenswert, ein ähnliches Auto oder eine ähnliche Waschmaschine wie die Nachbarschaft zu erstehen und dem Durchschnittslebenslauf zu entsprechen, der Ausbildung, Ehe, Familiengründung, Jahresurlaub, Krankenkasse und Rentenzahlung vorsah, haben sich die biografischen Zwänge seit 1968 gelockert. Der individuelle Spielraum ist größer geworden. Mithin spekuliert der Markt mit diesen Möglichkeiten. Die Güter der Gegenwart sollen die Präferenzen der Konsument*innen ausdrücken und ihnen emotional ergreifende Erlebnisse verschaffen. Während der Tauschwert die allgemeine Austauschbarkeit aller Güter sichert, beschwört der Begehrenswert die scheinbare Singularität einer Ware und erhöht so ihren Tauschwert. Die Kategorie des Begehrenswerts soll feinstofflich aufzeigen, wie verschiedenste ökonomische Praktiken verfahren, sei es Storytelling von Unternehmen oder Selbstmarketing von Menschen. Dem sachlich anmutenden Wertgesetz, das einen allgemeingültigen Rahmen der Vergleichbarkeit schafft, wohnt der Begehrenswert in seinen affektiven Wirkungsweisen inne. Durch das Wertgesetz und seine Preissysteme wird eine Ware mit anderen Waren vergleichbar. Um ihnen vorgezogen zu werden, muss sie die Fantasie potenzieller Käufer*innen wecken, ihr Verlangen hervorrufen, dieses und kein anderes Produkt zu erwerben. Diese Verführungskraft der Waren ist immer wichtiger geworden, die Gegenwart lässt gar eine Hochkonjunktur des Begehrenswerts erahnen. Auf den digitalen Plattformen liefern die User durch das Liken ihrer liebsten Restaurants, Kleidermarken, Urlaubsorte und Kaffeeröstungen kostbare Daten für die Unternehmen, die diese an ihre Werbekunden verkaufen, sodass man Usern individuell zugeschnittene Produktangebote auf den Bildschirm zaubert. An diesem Punkt übersetzt sich Begehrenswert in monetär bezifferbaren Wert.

Für Reckwitz bilden diese konsumkulturellen Individualisierungsangebote primär ein Phänomen der Mittelschichten.[100] Deren Angehörige sind Nutznießer*innen der globalen Ausbeutung, die Konsumangebote erst ermöglicht. In der BRD erweiterte sich die sogenannte Mittelschicht durch den gesellschaftlichen Wohlstand und das staatliche Bildungsangebot in den 1970er- und 1980er-Jahren massiv. Mittlerweile nimmt innerhalb westeuropäischer Mittelschichten Ungleichheit wieder zu, ein Effekt der wirtschaftlichen Globalisierungsphase in den 1990er-Jahren, die eine weltweite Lohnkonkurrenz beförderte.[101] Vor allem basiert Wohlstand weiterhin auf vererbtem Vermögen, die davon bedingte Ungleichheit erreicht im 21. Jahrhundert das Niveau frühkapitalistischer Zeiten.[102] Inmitten von Krisen, globaler Konkurrenz und prekärer Arbeit sind widersprüchliche Sozialdynamiken zugange: Das Konkurrenzstreben befördert den Wunsch, sich abzuheben, zugleich wird in der beschleunigten Arbeitswelt das Bedürfnis nach stabilen Bindungen stärker.[103] Diese Sehnsucht gerät unweigerlich in Widerstreit mit einzelkämpferischen Leistungsimperativen, die größtmögliche Resilienz und Anpassungsfähigkeit einfordern.[104] So entfalten sich widerspruchreiche Affektlagen zwischen Abstiegsängsten und Aufstiegsträumen, Individualitätsinszenierung und Normerfüllung, Selbstgestaltung und Konformitätsstreben, Wettbewerbsstress und Bindungswünschen.

2. Begehren

Mit der *Lean Production* kommen die Konsumverhältnisse der fitten Körper. Der verschlankte Kapitalismus wird von Bildern verschlankter Körper begleitet, wie die Medienfigur des fitten Managers belegt.[105] Mit den toyotistischen Effizienzstrategien einer flexiblen Produktionsorganisation im *Lean Management* tauchen Formen des *Lean Sex* auf, die, so Volkmar Sigusch, als Inbegriff einer »disziplinierten Selbsterregung«[106] wirken. Die Selbstinszenierung und Selbstökonomisierung als Begehrenswert wird zusehends wichtig, weshalb das profitmaximierende Potenzial des Begehrenswerts steigt. Paul Preciado spekuliert sogar, dass »Begehren, Erregung, Sexualität, Verführung und Genuss in der zeitgenössischen Ökonomie [...] die eigentlichen Motoren der Erzeugung von Mehrwert«[107] geworden sind. Man muss dem entgegenhalten, dass weiterhin die Ausbeutung von Arbeitskraft die Hauptquelle von Mehrwert bildet, doch seine Anmerkung lenkt die Aufmerksamkeit auf die Stellung des Begehrens. Um gegenwartsdiagnostisch zu betrachten, wie sich Menschen in den Bewertungsrastern des Begehrenswerts bewegen, führt kein Weg an der Geschichte der Sexualität vorbei. Wie wir mit Konsum und Arbeit an uns Authentizität ausdrücken wollen, wie wir uns bemühen, attraktiv zu wirken, wie wir uns wahrnehmen und bewerten – all diese Fragen leiten uns zu modernen Ideen von Identität und Individualität zurück. Sie binden Begehren in Bewertungsmuster ein.

Das vermessene Begehren

Die Geschichte der Sexualität und die des Kapitalismus sind so untrennbar miteinander verbunden, dass niemand die »Geburt unserer Sexualität und unserer Liebe aus dem Geist des Kapitalismus [...] bestreiten«[108] kann. Nach Michel Foucault kreist das moderne Sexualitätsdispositiv um die Idee des Subjekts, das seine Gelüste gesteht und so zu einem Selbst wird, das sich über die Äußerung seiner innersten Begierden herstellt.[109] Er analysiert die Geschichte der Sexualität ausgehend von christlichen Beichtpraktiken, die in langer Linie zum Bestreben führen, Begehren zu bemessen und zu bewerten. In der Beichte bewerten Priester die sündigen Sehnsüchte der Geständigen. Um deren Begierden zu bändigen, streben sie eine sexualmoralische Seelenführung an. Die diskursiven Geständnispraktiken der Beichte, die sich im

17. Jahrhundert vermehren, und autobiografische Schriften über sexuelle Ausschweifungen, die mit der Moderne in Mode kommen, bringen eine Machtform hervor, die Foucault als Pastoralmacht bezeichnet.[110] In diesen Erzählpraktiken entwirft sich die Geständige als Subjekt ihres Begehrens. Infolgedessen beruhen Ideen von Identität und Individualität auf der Annahme eines angeblich authentischen Begehrens. Man betrachtet und behandelt Begehren als Wahrheit des gestehenden Subjekts. In der reflexiven Rückwendung auf das ›eigene‹ Begehren stellt sich performativ die Wahrnehmung von Innerlichkeit her. Dadurch wird der Drang nach der authentischen Selbsterfahrung geweckt, die individuelle Erfüllung verspricht. Der innere Ausdruck erscheint nun erstrebenswert. Da sich diese Empfindungen als Effekte diskursiver Lenkung erweisen, ist schwerlich von einfach gegebenen, wahrhaftigen und authentischen Gefühlen auszugehen. Authentizität schöpft nicht aus dem Inneren eines Individuums, wie uns die Pastoralmacht weismachen will. Sie ist stets kulturell vermittelt und sozial bedingt. Schon die intimen Bekenntnisse im Beichtstuhl sind vielfach medial vermittelt und sozial angelegt. Der Selbstausdruck vollzieht sich angesichts anderer und er vollzieht sich durch andere. Obwohl er auf ein Selbstverhältnis abzielt, bedarf er deren Anerkennung. Die Geschichte der Pastoralmacht

erzählt von einer Vermessung des Begehrens, die Menschen biopolitisch lenkbar macht. Die pastoralmächtigen Praktiken entwickeln sich nach der Aufklärung unter säkularen Vorzeichen in juristischen, medizinischen, sexualwissenschaftlichen und psychoanalytischen Diskursen weiter.[111] Der Glaube der christlichen Beichtpraktiken, die geheimen lüsternen Wünsche würden den Wesenskern der Menschen preisgeben, lebt so trotz der Säkularisierung fort. Die Humanwissenschaften übersetzen die christliche Idee von Innerlichkeit in moderne Ideen von Identität und Individualität, wobei, wie wir später sehen werden, Authentizität eine Schlüsselrolle zukommt. Die Beichte birgt den Gedanken, dass Begehren, wenn es in entsprechendem Rahmen geäußert wird, transparent gemacht werden kann und auf diese Weise kontrollierbar wird. Diese Idee, dass Begehren unsere Identität bestimmt, schließt an das bemessende Moment der Beichte an und wendet es ins Wissenschaftliche. Im Zuge dieser Entwicklung gründet sich die Sexualwissenschaft. Zu ihren ersten Standardwerken zählt die 1886 veröffentlichte *Psychopathia sexualis* von Richard von Krafft-Ebing, in der er penibel sämtliche ihm bekannten Perversionen auflistet. Das, was vermessen wird, wird bewertet. Trotz ihres Anscheins von Neutralität sind die sexualwissenschaftlichen Maßstäbe moralisch gefärbt, sodass sie Sexualität in Kategorien von normal oder pervers fasst. Entlang der von den Sexualwissenschaften eingebrachten Unterscheidung zwischen homo- und heterosexuell wird heterosexuelle Bürgerlichkeit als das Normale zur Norm. Die bürgerliche Kleinfamilie gilt zwar als sexualmoralisches Ideal, doch sie ist gefährdet, etwa durch Masturbation, und muss deshalb geschützt und gefördert werden. Alle, die nicht nach den bürgerlichen Eheregeln leben, gelten als deviant und delinquent.[112] Sie sind ein Risiko. Für die entstehende Sexualwissenschaft sind außerdem Angehörige der Arbeiter*innenklasse frei von Selbstkontrolle und Sexualmoral. Und rassifizierte Menschen in den Kolonien werden als monströse, hypersexualisierte Wesen dargestellt. Besonders Schwarze Frauen sind der sexuellen und reproduktiven Gewalt durch weiße Männer ausgesetzt. Letztere charakterisieren Schwarze Männer als Gefährdung der Ehre weißer Frauen – mit gewaltvollen, tödlichen Folgen.[113] Die Bemessung und Bewertung des Begehrens geht mit den körperlichen Gewalteinschreibungen von Differenz einher.

Nach Foucault »verläuft der Anschluss des Sexualitätsdispositivs an die Ökonomie durch zahlreiche und subtile Relaisstationen – deren wichtigster aber der Körper ist, der produzierende und konsumierende Körper«.[114] Begehrensbemessungen und Körperdifferenzierungen sind Elemente des Regierungsprojekts der Biopolitik. Foucault fasst darunter die Regierung und Regulierung des Bevölkerungskörpers, die sich ab dem 18. Jahrhundert als Machtmechanismen herausbilden und auf die Kontrollierbarkeit von Geburtenrate und Gesundheitszustand abzielen, um die Reproduktion der Arbeitskraft zu gewährleisten.[115] Als sich der moderne westliche Staat herausbildete, »wurde die Bevölkerung zu einem ›Volkskörper‹, in dessen Quantität und Qualität qua Regieren der Sexualität und des Begehrens eingegriffen wird«.[116] Man kann darin, mit Marx gesprochen, die nationalökonomische Absicht erkennen, über ausreichend Arbeitskraft zu verfügen und eine »industrielle Reservearmee«[117] bereitzuhalten, auf welche die Wirtschaft jederzeit zugreifen kann. Da Biopolitik die Selbststeuerung und -kontrolle der Bürger*innen verlangt, ermöglicht sie gleichwohl neuen sozialen Spielraum. Im 18. und 19. Jahrhundert entsteht ein Markt, der sich von der familiären Hauswirtschaft loslöst und in den Metropolen ungebundene Arbeitskräfte, insbesondere Frauen, und Konsument*innen benötigt. Dies begünstigt Lebensentwürfe jenseits der alten Großfamilie. Menschen ziehen in die großen Städte, um im Schatten der Metropolen subkulturelle Nischen voller sexueller Vielfalt zu begründen.[118] Der Markt deterritorialisiert die Wirtschaft – von der familiären Hauswirtschaft in die moderne Marktgesellschaft –, zugleich deterritorialisieren sich sexuelle und vergeschlechtlichte Normen, da sich das soziale Leben vom Nahbezug der Familie loslöst. Durch den Einfluss der neuen urbanen homosexuellen Subkulturen ändern sich die heterosexuellen Verhältnisse. Die moderne Praxis des Datings entsteht zunächst in den USA in der frühen fordistischen Gesellschaft Anfang des 20. Jahrhunderts, wo Konsum massentauglich wird. Statt des formellen Vorstellens in der Familie lagern sich die Anbahnungspraktiken aus, das Auto verschafft Mobilität, um zum Tanzball oder ins Autokino zu fahren.[119] In grundlegender Weise hat das Sexualitätsdispositiv das kapitalistische Kalkül mit Affekten verstärkt und einen biopolitischen Zugriff eröffnet, um die intimsten Wünsche messbar und manipulierbar zu machen. So wird sichtbar, wie veränderte Arbeits- und Konsumverhältnisse mit der Vermessung des Begehrens zusammenwirken. Es ist der Vermessungsgeschichte des Sexuellen geschuldet, dass Begehrenswert entsteht: der Modus, wie wir Waren wünschen, um uns durch Konsum voneinander abzugrenzen, rührt aus der Rationalisierung des Begehrens, wie sie mit der Pastoralmacht einsetzt. Sie ermöglicht einen rationalen Zugriff auf Wünsche, und genau daran schließen Wirtschaftspsychologie in der Arbeitswelt und Werbepsychologie in der Konsumwelt an. Unternehmen adressieren ihre Kund*innen in ihren intimsten Regungen, spielen auf deren Sexualvorlieben und Liebesleben an wie die Paarberatung beim IKEA-Einkauf. Konsument*innen sind angehalten, Waren zur Selbstinszenierung einzusetzen und ästhetische Arbeit in sich zu investieren. Für die Formung zum begehrenswerten Selbst bedarf es einer Fülle an Waren. Die »Konsumkultur [hat] die Subjektivität über die Sexualität in ihren Dienst gestellt«, sodass »Gefühls-, Gender- und Konsumentenidentitäten zugleich durch die Inszenierung sexueller Bedeutungen koproduziert werden«.[120] Diese Nahverhältnisse zwischen Wert und Begehren, Wirtschaft und Sozialem, Konsum und Körper lassen sich anhand der Kategorie des Begehrenswerts nachvollziehen.

Ein weiterer wesentlicher Wandel findet rund um 1968 statt. 1968 war ein revolutionärer Moment, der wegweisende gesellschaftliche Veränderungen ermöglichte. Anstelle von heterosexuellen Standardlebensläufen, die sich in die biografischen Etappen Verlobung – Heirat – Familiengründung einteilten, machten die feministischen und homosexuellen Emanzipationsbewegungen in den 1970er- und 1980er-Jahren alternative Begehrensformen und Beziehungsweisen lebbarer und sichtbarer.[121] Sie politisierten das Private, forderten Gleichheit und veränderten die Geschlechterverhältnisse. Daher kann und sollte man die Geschichte von 1968 nicht als Geschichte der gescheiterten Revolution erzählen.[122] Trotz dieser politischen Errungenschaften liegt nachfolgend der Fokus auf den Einhegungen der sexuellen Liberalisierung. Schließlich trägt das Kapital, wie Katja Diefenbach anmerkt, »als Bewegung der Deterritorialisierung und des sich selbst verwertenden Werts mit dazu [bei], dass sich die Subjektivierungsweisen weiter kommodifizieren und in Konsumtions- und kommerzielle Lebensformen überführt werden«.[123] Die deterritorialisierten sozialen und sexualmoralischen Werte werden in merkantile Bewertungsmuster rückgebunden. Das befreite Begehren reterritorialisiert sich in neuen ideologischen Rahmenkonstruktionen und den Rechenrastern des Kapitals. Die ökonomische Einhegung der Befreiungsbewegungen von 1968 zeichnet sich frühzeitig ab, der soziale Wandel vollzieht sich inmitten eines Wirtschaftswandels. Verstärkt kritisieren die Kinder der Mittelschicht familienähnliche Unternehmensstrukturen, deren Vorstände autoritäre Vaterfiguren verkörpern. In den kommenden Jahrzehnten entsteht eine Unternehmenskultur flacher Hierarchien und flexibler Arbeitsverhältnisse – der altväterliche Chef weicht dem jungen, fitten Manager.[124] Dieser unternehmenskulturelle Wandel ist in eine tiefgreifende Transformation eingebettet: Das Individuum avanciert zum Aufmerksamkeitsobjekt, als Leitbilder fungieren Figuren des dynamischen Managers, der kreativen CEO, der erfolgreichen Start-up-Gründer. Personen wie Steve Jobs werden zu Symbolfiguren des sagenumwobenen Silicon Valley und dienen fortan als Diskursschablonen des entrepreneurialen Selbst.[125] Dieses soll sich beständig verbessern, eigenverantwortlich Leistung steigern, unbezahlte Überstunden billigend in Kauf nehmen genauso wie befristete Verträge oder Honorarzahlungen auf Projektbasis. Das unternehmerische Versprechen von individuellen Entfaltungsmöglichkeiten soll die prekären Arbeitsverhältnisse erträglich machen. Die linksalternativen Individualitäts- und Authentizitätsideale von 1968 werden zu neoliberalen Narrativen, die die Arbeits-, Konsum- und Sexualverhältnisse durchziehen.

Volkmar Sigusch hat ausgeführt, wie sich nach der sexuellen Revolution eine neosexuelle Revolution ereignet hat.[126] Während die 1968er-Generation Begehren und Sexualität als »Rausch, Ekstase und Transgression erfahren hat«, wird diese nun als bedrohlich erlebt, etwa »unter dem Aspekt der Geschlechterdifferenz, der sexuellen Übergriffigkeit, der Missbrauchserfahrung, der Gewaltanwendung und der Infektionsgefahr problematisiert«.[127] Zugleich wird Sexualität zunehmend zur Selbstinszenierung. Für Sigusch stehen die Tanzenden der Love Parade der 1990er-Jahre symptomatisch für diesen Wandel ein. In ihrer hedonistischen Selbstinszenierung und sinnlichen Selbstbezogenheit macht er eine neue Form des *Self Sex* aus.[128] Man kann diesen Begriff eine Schleife weiterdrehen und heute von *Selfie Sex* sprechen. Sich selbst als begehrendes Subjekt und als begehrtes Objekt zu kreieren, auf den Blick der anderen angewiesen und doch im gebannten Blick auf sich selbst gefangen. *Selfie Sex* operiert wie die visuelle Logik eines Selfies: Fotografieren und Fotografiert-Werden zur selben Zeit, während andere als Social-Media-Publikumskulisse dienen. Das Porträtpanoptikum der digitalen »Attraktivitätsmärkte«[129] verrät den sich selbst abschätzenden Blick der sich fotografierenden Fotografierten. Neben dieser skeptisch zu betrachtenden Sogkraft der Selbstinszenierung führt die von Sigusch beschriebene neosexuelle Revolution durchaus die Emanzipation von 1968 fort. In dem Maße, in dem Ehe und Monogamie als Leitideale an Einfluss verlieren, vervielfältigen sich offen gelebte sexuelle Vorlieben und Praktiken, Identifizierungen und Orientierungen, Lebens- und Liebesweisen. Andere Beziehungsarrangements werden sichtbar.[130] Doch vielfach reterritorialisieren sie sich in alte Romantikkonzepte, etwa wenn sich queere Liebesweisen in bürgerliche Ehe- und Lebensmodelle einpassen. Diese Reterritorialisierung vollzieht sich auch wirtschaftlich, in den 1990er-Jahren entsteht eine *pink economy*, die queere Menschen als Konsument*innen adressiert.[131] Trotz alternativer Beziehungs- und Begehrensgefüge beherrscht der Begehrenswert die grundlegende Beziehungsweise im spätkapitalistischen Sozialen: Sie besteht in der über Wert vermittelten Beziehung, in der sich Menschen durch andere und vor anderen aufwerten sollen.

Diese Bewertungsbewegungen verfahren über Ideen von Identität und Individualität. Während 1968 bürgerliche Rollen und Biografien bindend waren, sind sie – und dies ist ein Erfolg der Revolutionen von Mai 68 – wandelbarer geworden. Zwar bleibt die Idee der Identität erhalten, doch sie verflüssigt sich zusehends. Martin Altmeyer diagnostiziert einen Strukturwandel des Subjektiven seit 1968: Die »sexuelle Revolution, antiautoritäre Bewegungen und kulturelle Liberalisierung« haben einen »mentalen Wandel«[132] herbeigeführt. »Mit dem Verlust struktureller Rigidität hat das Seelenleben zugleich an Variabilität, Flüssigkeit und Zugänglichkeit gewonnen, sodass es flexibler, lebendiger und kommunikativer wird und sich viel stärker [...] mit der sozialen Lebenswelt verbindet.«[133] Diese Weltbezogenheit und Anpassungsfähigkeit wird in der Arbeitswelt erwartet und ebenso in der Konsumsphäre eingefordert, doch sollte man nicht vorschnell von einem narzisstischen, selbstbezogenen Subjekt ausgehen. Alle Selbstdarstellung dient der Anerkennung und Aufmerksamkeit anderer, Selbstgefühl entsteht erst aus sozialem Aufeinanderbezogensein. Trotz der neoliberalen Erzählungen frei flottierender Individuen bleiben Menschen in Beziehungsstrukturen eingebunden. Doch diese Beziehungen werden in Bewertungsmuster rückgebunden, durch die Menschen einander vergleichen. Im Wettstreit um das Begehrenswertsein wird es immer wichtiger, wie viel ästhetische und affektive Arbeit Menschen an sich leisten.

Erotisches Kapital

Die Bindungen von Begehrenswert und Sexualität weisen allesamt auf Körper hin, die konsumieren, sich in Szene setzen und an sich arbeiten. Um die Wirkungsweisen der Wertlogik im Blick auf Begehren zu betrachten, ist es angeraten, neben monetärem Kapital symbolische Kapitalformen einzubeziehen, die auf Verkörperungsebenen wirksam werden. Wegweisend sind hierfür Bourdieus Habitustheorie und seine Konzeption von kulturellem Kapital, das durch Bildung entsteht, wie symbolischem Kapital, das sich aus sozialen Netzwerken bildet.[134] Allerdings vernachlässigt Bourdieu die Stellung der Sexualität im Sozialen.[135] Um dem nachzukommen, wird symbolisches Kapital um die Kategorie des erotischen Kapitals erweitert. Diesen Begriff schlägt bereits die Wirtschaftswissenschaftlerin Catherine Hakim vor. Sie plädiert jedoch dafür, dass Frauen aus Karrieregründen gezielt sexuelle Anziehungskraft einsetzen sollten.[136] Im Gegensatz dazu wird der Begriff des erotischen Kapitals hier als kritisch-analytische Kategorie eingeführt, die erschließen soll, wie Begehren in ökonomische Zwecke eingespannt wird. Sie soll anzeigen, wie Attraktivität und sozioökonomischer Status zusammenspielen. Schließlich führt die Konsumkultur zur »Selbstökonomisierung der sexuellen Attraktivität«,[137] die durch körperoptimierende Praktiken verfährt. Diese drehen sich um die »Herstellung von Unverwechselbarkeit und um die Steigerung sexuellen Kapitals, darum, der Ökonomie von sexuellen Märkten gerecht zu werden«, insofern dient »sexuelle Selbstoptimierung [...] dem Zweck, im Konkurrenzkampf um Aufmerksamkeit und soziale Wertschätzung Erfolge einzufahren«.[138] Erotisches Kapital wird benötigt, um sich als erfolgreiches begehrenswertes Subjekt zu behaupten. Die Akkumulation von erotischem Kapital zielt also darauf ab, Begehrenswert zu erlangen. Und dieses Kalkül mit erotischem Kapital ist keine rein rechnerische Affäre, sondern eine äußerst emotionale Angelegenheit.

Menschen sind über Begehren verbunden. Als affektive verkörperte Wesen sind sie aufeinander bezogen, durcheinander verwundbar und miteinander abhängig.[139] Das Soziale ist stets soziosomatisch. Diese grundlegende Verbundenheit ist wesentlich, um zu verstehen, wie Wünsche und Selbstwahrnehmung sozial eingebettet sind. Diese entstehen in einem dichten Netz an geteilten Fantasien, daran erinnert uns Teresa de Lauretis.[140] Die Körper- und Begehrensbilder der kulturellen Archive prägen die soziosomatische Wahrnehmung des eigenen Körpers und der anderen Körper. Wenn sich Menschen als begehrenswert inszenieren, etwa für eine Fotoaufnahme, die in sozialen Netzen geteilt werden soll, nehmen sie in mimetischen Praktiken eine Pose ein. Unterschwellig orientieren sie sich an kulturell geteilten Körperbildern, die in den sozialen Fantasieräumen kursieren. Diese Bilder schreiben sich in Körper ein, in ihre Gesten, ihre Mimik, ihren Tonfall, ihre Haltung.[141] Im Selfie, im Bewerbungsfoto, auf dem Urlaubsbild werfen wir uns in Pose. Ebenso nehmen wir Haltung ein, wenn wir unser selbst gewahr werden und das Bild, welches wir verkörpern wollen, zurechtrücken und uns anhand von Attraktivitätsnormen arrangieren. Wir nutzen unsere Körper »im Sinne einer Darstellungsressource«, etwa durch die »Anwendung bestimmter Gesten und Körperhaltungen, durch Blicknavigationen, körperliche Zu- und Abwendung«.[142] In ebendiesem Sinne betreiben wir ästhetische Arbeit an uns als Arbeit an unseren Körpern.

Sie ist konkrete Körperarbeit, schließlich geht es um die Ausgestaltung des eigenen Körperpotenzials. Sie ist aber auch »immer und unausweichlich Arbeit am ›sozialen Selbst‹«[143], schreibt Paula-Irene Villa. Das beinhaltet alltägliche Aufgaben wie Haare kämmen oder Zähneputzen oder aufwendigere Arbeiten wie Zahn-Bleaching oder Schönheitsoperationen. Diese ästhetische Arbeit ist affektive Arbeit.[144] Zum einen involviert sie Wünsche und Sehnsüchte, zum anderen erfordert sie ein Affektmanagement, zum Beispiel benötigt das Selfie-Lächeln eine Affektintensivierung, so minimal diese auch sein mag. Ästhetische und affektive Arbeit am Selbst ist stets sexuelle Arbeit. Denn im westlichen Identitätsdenken ist die Idee des Individuums in die Inszenierung als sexuelles Subjekt eingebunden. Subjektivierung vollzieht sich in soziosexuellen Arrangements, die den Anforderungen des Arbeitsmarkts förderlich sind. Dies zeigen in plakativer Weise Stereotype, der agile Kreative, der sein Singledasein zelebriert, während seine Leidenschaft dem Beruf gilt, oder die MILF, die Abkürzung für *mother i like to fuck*, die Kind und Karriere virtuos zu vereinen weiß und blendend aussieht. Menschen leisten sexuelle Arbeit, halten Renate Lorenz und Brigitta Kuster fest, indem sie sich als sexuelle Subjekte inszenieren, entlang sexueller, meist heteronormativer Skripte agieren, bemüht, attraktiv zu wirken.[145]

Um sich als begehrenswertes Individuum zu inszenieren, bedarf es neben der Investition von Zeit des monetären und kulturellen Kapitals, weswegen die Möglichkeiten, erotisches Kapital zu gewinnen, ungleich verteilt sind. Das liegt zum einen an der Kaufkraft und den Zeitressourcen, zum anderen an sozial geformten Schönheitsnormen. Obwohl alle aufgefordert sind, sich als sexuelle Subjekte zu inszenieren, sind die Anforderungen der ästhetischen und sexuellen Arbeit spezifisch. Sie verändern sich mit den geschlechtlichen, rassifizierenden, klassenbedingten, ableistischen Zuschreibungen. In dieser Verteilungsdynamik spielen Vorstellungen von Differenz und Diversität, von Alterität und Authentizität erheblich hinein. Neben diesen Differenzlinien werden feinstoffliche Differenzierungs- und Distinktionsdynamiken wirkmächtig: Ob »Frau, Wissenschaftler, Unterschichtsangehöriger, Mutter«, soziale Positionen werden verkörpert, schließlich »mühen [wir] uns täglich ab, unsere Verortung im sozialen Raum für uns und für andere sichtbar – möglichst kompetent – zu verkörpern«, mithilfe von »körpergebundenen Strategien«, die »von dezenten und selbstverständlichen Praxen wie Hygiene, Kleidung oder ›gesundem Essen‹ über bewusste Projekte wie Diät, Körperformung etwa im Sport oder verschiedenste Therapien [reichen]«.[146] Wie wir unsere soziale Position verkörpern, hängt von Normen ab, die wir als habituelles Wissen verinnerlichen, an dem wir uns mehr unbewusst als bewusst orientieren. Somit sind die Bewertungsmaßstäbe, die wir an unsere Körper anlegen, gesellschaftlich vorgegeben, ohne jemals völlig festgeschrieben zu sein.

All die affektive, ästhetische und sexuelle Arbeit ist derart selbstverständlich, eingesickert als Körperwissen, dass ihre Anforderungen kaum bewusst wahrgenommen und ausgeführt werden. Um sich der eigenen Attraktivität zu versichern, wird der Körper sorgsam eingekleidet, behutsam frisiert, minutiös trainiert und gezielt in Pose geworfen. Das begehrenswerte Selbst soll sich entlang kultureller Schablonen entwerfen und gleichwohl durch Geschmacksvarianzen distinguieren. Dieser Imperativ des Individuellen schafft Freiräume, um sich jenseits von geradlinigen Biografien zu bewegen, dennoch beinhaltet er Formvorgaben zur Identitätsgestaltung. In konsumkultureller Hinsicht erscheint Individualität als flexibles Gebilde aus Präferenzen, da sich Persönlichkeit anhand von Geschmacksnuancen und Konsumpraktiken ausdifferenziert – so zumindest das Kalkül. Die Aufforderungen und Angebote, sich als attraktives Selbst herauszuarbeiten, takten affektive Reaktionen, beeinflussen körperliches Wohlbefinden, orchestrieren Gesten und dirigieren Blickregime. Durch die Arbeit, die Menschen an ihren

Körpern leisten, bewerben sie sich selbst, um im Wettstreit um Begehrenswert mitmachen zu können oder sogar hervorzustechen. Dies hat Figuren wie Influencer hervorgebracht. Sie verkörpern die Bindung zwischen dem Begehrenswert einer Ware und dem einer Person. Auf TikTok, Youtube oder Instagram setzen sie ihre authentische Ausstrahlung und ihr attraktives Aussehen in Szene – und sich damit in Wert. Haben sie ausreichend Follower, statten Firmen sie mit Modeartikeln aus, um diese zu bewerben. Man handelt ihre Personality, ihren Style als Begehrenswert, der auf die Ware übergehen soll – mitsamt dem Werbeversprechen, dass sich dieser auf die Konsument*innen überträgt. In diesem Wertschöpfungskreislauf stehen Influencer für das Bestreben, den eigenen Begehrenswert möglichst marktwirksam zu reinvestieren, sie zeugen von der »körperorientierte[n] Leistungs- und Wettbewerbsgesellschaft«.[147]

Die toyotistische *Lean Production* geht mit dem Imperativ der sportlichen Körper einher. »Fitte und flexible Körper im flexiblen Kapitalismus – diese Maxime richtet sich an alle Arbeitskraftunternehmer, die sich, ihre Körper und ihre Leistung auf dem Markt feilbieten.«[148] Nach Jürgen Martschukat entstand um 1900 eine Körperkultur der Leistung und Ertüchtigung,[149] die sich am maskulinen Ideal des Produktionskörpers ausrichtete. Im ökonomischen Umbruch in den 1970er-Jahren erkennt er den Anfang eines »Zeitalter[s] der Körperlichkeit«[150], das sich durch das Ideal selbstoptimierter, leistungsfähiger Körper auszeichnet. Im Dispositiv der Fitness verbündet sich Leistungsdenken mit Gesundheitsfürsorge.[151] Dergestalt fügen sich die Aufrufe, den eigenen Körper fit zu machen, in die arbeitsweltlichen Anforderungen, anpassungsfähig und resilient zu sein. Martschukat erläutert beispielhaft die Gegenwartskultur des Joggens, die, beeinflusst von der kalifornischen Gegenkultur der 1970er-Jahre, mit Versprechen von Selbstsorge, Selbstfindung und einem esoterischen »Erweckungsereignis«[152] lockt – erinnert sei an den Titel von Joschka Fischers Autobiografie: *Mein langer Lauf zu mir selbst*.[153] Derweilen werden digitale Begleitpraktiken des Joggens wie Self-Tracking durch Lauf-Apps als Achtsamkeit gehandelt.[154] Gleichwohl ist die Kultur des Joggens von Idealen des individuellen Gewinnens angetrieben. Sie finden sich in Bemessungs- und Bewertungstechniken, wie sie Self-Tracking bereitstellt. Die Verbundenheit der vernetzten Jogger-Körper ermöglicht deren Vergleichbarkeit. Im Feld der Fitness wird Begehrenswert erzeugt, indem Körper verbunden sind und aus dieser Verbundenheit heraus in Wettstreit gesetzt werden. Sie werden durch ihre Verbundenheit vergleichbar gemacht und durch die daraus entstandene Vergleichbarkeit werden sie voneinander getrennt. Selbst das morgendliche Jogging-Ritual wird zum Ringen um den Begehrenswert als fitter, wohlgeformter Körper. So verknüpfen »Lauf- und Fitness-Apps wie Runtastic [...] den Tracking-Aspekt gezielt mit Social-Media-Anwendungen«, zum Beispiel werden »zurückgelegte Laufstrecken automatisch veröffentlicht«, um »über eine Einbindung in soziale Netzwerke und die für andere sichtbare Dokumentation individueller Performanz soziale Formen der Anerkennung [...] auszulösen, welche die eigene Motivation steigern«.[155] In diesem neuen Kapitel der Vermessungsgeschichte von Körpern werden deren physische Informationen als Leistungsperformanz in öffentlichen Wettbewerb gestellt. Solche Bemessungsformen stellen feinteilige biopolitische Eingriffe dar. Das Fitnessdispositiv verweist auf die Verquickung von Begehrenswert mit biopolitischem Wert. So »werden die Beziehungen zwischen Körpern, Um- und Innenwelten informationstechnologisch verschaltet, Körperdaten kommunizieren mit Umweltdaten, neuronale Netze steuern Körper- und Wohntemperaturen«.[156] Krankenkassen und Unternehmen messen die Fitness von Kund*innen und Angestellten, um ökonomische Risiken wie Behandlungskosten und Arbeitsausfall abzuwägen. Durch die körperbezogene Datenerfassung werden User »an einen kollektiven Referenzkörper angeschlossen«.[157] Mithin erweitert die »soziale Metrik von Körpern« die Eingriffsmöglichkeiten der »Biopolitik des Marktes«.[158]

Im Sozialen übersetzt sich die merkantile Biopolitik in den Wettstreit um die Anerkennung als aktives, leistungsfähiges, ökonomisches Subjekt. Die Ideale der Fitnesskultur aktualisieren alte, maskulin gefasste Figuren des Heroischen. Sie arbeiten mit Begriffen der Herausforderungen und Challenges, des Gewinnens und der Willensstärke, ihre Mitglieder werden als Held*innen angesprochen, etwa die Urban Heroes, die Martschukat am Beispiel des Joggens anführt.[159] Traditionellerweise werden Heldenkörper weiß und maskulin dargestellt, ausgerichtet an Idealen soldatischer Männlichkeit. Dagegen erweitert sich im Fitnessdispositiv der Zugang zum Heldenhaften.[160] »Der neue Heldentyp, männlich, aber zunehmend auch weiblich, soll für Individualität und Autonomie stehen, kampfbereit, leistungsstark und sexy daherkommen.«[161] Er verkörpert die »Markenzeichen der Fitnessgesellschaft, Durchsetzungskraft und Leistungsvermögen«.[162] All die asketisch anmutende, affektive und ästhetische Arbeit zielt darauf ab, den eigenen Begehrenswert zu erhöhen. Im Wettbewerb der Körper reichert man erotisches Kapital an, indem man nicht nur sexy, sondern auch sportlich und gesundheitsbewusst ist. Der Begehrenswert ist von

Gesundheitsnormen geprägt, die von einem fitten Körper auf Leistungsfähigkeit schließen. Wer sich bewusst ernährt, ausreichend Sport betreibt, dem werden positive, wettbewerbsfördernde Eigenschaften zugeschrieben. In diesem *survival of the fittest* sind Menschen gefordert, dynamisch, energiegeladen, motiviert und positiv aufzutreten. Die gesunde Ernährung bei BioCompany, der Yoga-Kurs oder die teure Holmes-Place-Mitgliedschaft bilden kulturelles Kapital und bieten Distinktionsmöglichkeiten, die über politische und gesellschaftliche Teilhabe entscheiden. Die Trends zu Fitness und guter Ernährung »prägen eine Kultur und eine Gesellschaft, die [...] zwischen ›guten‹ und ›schlechten‹ Körpern unterscheiden und diese zum Teil der politischen Ordnung mach[en]«.[163]

Ästhetische Körperarbeit ist kein neues Phänomen, doch der Gegenwart ist eigen, diese in eine Semantik der Selbstbestimmung einzubetten. Diese Semantik speist sich aus den feministischen Körperpolitiken der 1970er- und 1980er-Jahre. Die Frauenbewegung forderte das Recht auf körperliche Selbstbestimmung unter dem Slogan »Mein Bauch gehört mir« und behandelten den eigenen Körper und die Sorge um ihn als Ausdruck von Individualität und Authentizität.[164] Die feministischen *body politics* waren unbestreitbar emanzipativ. Dennoch dienten deren Praktiken der Körperarbeit und des Selbstausdrucks auch als neoliberale Diskursschablonen.[165] »Die feministische Selbstermächtigung qua Körper [...] ist im Kontext einer Individualisierungsideologie ›light‹ zum Geburtshelfer geworden für eine radikal individualistische Manipulation des Körpers, die oft nicht weiß um die sozialen Zwänge bzw. Entscheidungskorridore, die jede noch so autonome Entscheidung mit-konstituieren.«[166] Dieses körperliche Autonomieideal, das zum Leitmotiv von aktuellen Selbstbestimmungssemantiken avanciert, unterscheidet sich erheblich von feministischen Forderungen nach Selbstbestimmung. Es blendet gerade die grundlegende Abhängigkeit aus, die aus der sozialen Verfasstheit aller Körper herrührt, wie sie feministische Bewegungen betonen.[167] Nach Paula-Irene Villa bildet die ästhetische Arbeit, zu der Menschen angerufen sind, weder völlige Unterwerfung noch vollkommene Selbstermächtigung, sie bleibt in Normen eingebunden und vermag dennoch, Gestaltungsraum zu öffnen, ganz im Sinne einer »bedingten Freiheit«.[168] Somit bleibt zu erkunden, welche Bewertungsmuster des Begehrenswerts mit Semantiken der Selbstbestimmung einhergehen. Um Aufmerksamkeit und Anerkennung zu erlangen, müssen sich Frauen nach wie vor an Normvorstellungen von Weiblichkeit messen, so sehr sich diese auch erweitert haben. Im Vordergrund der

Weiblichkeitsperformanz steht die ästhetische Arbeit, da der »lange Zeit herrschende Naturalisierungsimperativ bzgl. des Geschlechtskörpers [...] dem Imperativ der Optimierung gewichen«[169] ist. An der Schnittstelle von Selbstbestimmungssemantiken des liberalen Feminismus, wie ihn ikonenhaft Carrie aus *Sex and the City* verkörpert, und neoliberaler Selbstökonomisierung entsteht die konsumkulturelle Diskursfigur der erotischen Entrepreneurin, die ihre Ressourcen bewusst einsetzt, um ihren Begehrenswert zu steigern.[170] In diesen liberalen Spielweisen wird das Postulat der Selbstbestimmung in Diskurse eingelagert, in denen Individualitäts- und Authentizitätsideen innerhalb einer marktwirtschaftlichen Wettbewerbslogik arbeiten.[171]

Ein Beispiel aus den Bilderwelten von Youtube, Instagram und Only Fans sowie Fernsehsendungen wie *Big Brother* oder *Deutschland sucht den Superstar* bietet die Künstlerin Kaja Krasavice. Sie bezeichnet sich als Bitch Boss und strebt an, ihr Äußeres der Ästhetik einer Barbiepuppe anzupassen, mit Mitteln und Methoden wie extralangen künstlichen Fingernägeln, plastisch produzierten Körpermaßen oder Perücken mit hüftlangem Haar, in Blond oder bunten Pastelltönen.[172] Ihr Auftreten und Aussehen mögen herausstechen, doch letztlich bedient sie sich weitverbreiteter Ausdrucksformen, die in ihrer Selbsterzählung besonders beispielhaft hervortreten. Biografisch begründet sie diese Arbeit mit Selbstwert und beruft sich auf feministische Semantiken der Selbstbestimmung. Für sie ermöglicht die Gestaltung ihres Körpers den authentischen Ausdruck ihres Selbst, was symptomatisch für aktuelle Authentizitätsvorstellungen ist. Authentizität und Attraktivität sind weniger an Natürlichkeitsideale und mehr an den Glauben einer Gestaltbarkeit des Körpers gebunden, der vom liberalen Leistungsgedanken getragen wird. In ihren Posen folgt Krasavice dem Kardashian-Trend, ausgelöst von den Mitgliedern der Familie Kardashian, die für das neue Bekenntnis zur Künstlichkeit einstehen, mit schmalen Nasen, langen Wimpern, hohen Wangenknochen, großen Augen, ausladender Brust und Hüfte mit Wespentaille. Dass es keinen natürlichen Körper gibt, ist nicht neu.[173] Neu ist hingegen die Rahmung der ästhetischen Körpergestaltung als authentischer Selbstausdruck. Krasavice beschreibt die plastischen Operationen für ihren »Barbie-Style«[174] als Akte der Selbstermächtigung. Dabei verweist sie auf das Nahverhältnis von monetärem Wert und gemachtem Begehrenswert. »Wenn man Cash hat, kann man auch geil aussehen. [O]hne Kohle wäre ich heue nicht so krass glam & shine.«[175] Nicht direkt die ästhetische Arbeit am eigenen Körper schafft Authentizität, sondern, so scheint es, der unbedingte Wille, all diese Arbeiten an sich durchzuführen.[176] Krasavice erzählt ihre Biografie als Aufstiegsgeschichte, arm aufgewachsen, von Tschechien nach Sachsen migriert, gemobbt von Mitschüler*innen. Sie rahmt ihr Projekt, durch Körpergestaltung ihren Begehrenswert zu erhöhen, in Semantiken des Selbstwerts. Je mehr sie ihren Körper aufwertet, so das Kalkül, umso mehr Authentizität und Selbstwert. Diese sind kein bloßer Oberflächenschein, sie durchwirken affektiv ihre Erfahrung und Selbstwahrnehmung. Sie berichtet, wie sie jahrelang Sex hatte, nur um ihren Selbstwert zu erhöhen, ohne selbst einen Orgasmus zu erleben.[177] Damals, so ihr Narrativ der Selbstbestimmung, war sie passives Begehrensobjekt. Aus ihrer Umgestaltung erwächst affektive Handlungsmacht, indem sie sich selbst aktiv und öffentlich zum Begehrensobjekt macht, hier werden die von Paula-Irene Villa angeführten Ambivalenzen zwischen Normerfüllung und Gestaltungsspielraum sichtbar. Derweilen ist Krasavices Selbstbestimmungssemantik eingeteilt in ein Bewertungsmuster der Gewinner und Verlierer, der Sieger und Opfer: »Sei kein Opfer und sie werden dich anbeten! So und nicht anders geht das Game.«[178] Seitdem sie sich durch ihre Operationen schöner fühlt, misst sie ihr erotisches Kapital genau ab, bevor sie es im Spiel um Begehrenswert einsetzt. Über einen Ex-Freund, der sich nach ersten OPs meldete, schreibt sie: »Jetzt, wo ich attraktiv bin und über ihm stehe, bin ich ihm gut genug. Nein danke!«[179] Ihre Formulierung, durch Attraktivität über oder unter Menschen zu stehen, drückt den Kampf um Begehrenswert deutlich aus. Krasavice schildert ihren Werdegang als Kampf gegen die *Hater*. Diese kriegerische Rhetorik im Vokabular von Gewinnern, Hatern und Opfern findet sich aktuell allerorts und spiegelt wider, wie sehr das Soziale als Einzelkampf gegen die Abwertung anderer wahrgenommen wird. Diskurse, die um Selbstsorge, Selbstwert, Selbstbestimmung und Selbstgestaltbarkeit kreisen, setzen nicht bloß auf Empfindsamkeit, sie setzen ebenfalls auf den aggressiven Siegeswillen. Derart vermengen sich die Diskurselemente feministischer Selbstsorge und Selbstbestimmung mit einem Vokabular des Selbstwerts, das individuellen Siegerwillen in den Vordergrund spielt.

Krasavices Beschreibungen veranschaulichen, wie sich die Bewertungslogik des Begehrenswerts mit Vorstellungen von Selbstwert und Selbstgestaltbarkeit verbündet. Die affektive Arbeit der selbstsorgerischen Schönheits- und Seelenpflege soll den eigenen Begehrenswert sicherstellen. Durch die Investition von zu leistender Arbeit am Selbst soll zuallererst Anerkennung erlangt werden, gleichsam sollen Selbstsorgepraktiken Wohlbefinden produzieren, dieses subjektive Wohlgefühl soll auf die Außenwirkung ausstrahlen und der erarbeitete Selbstwert den Begehrenswert erhöhen. Sich begehrenswert zu fühlen, sorgt dafür, so die Rechnung, dass sich Begehrenswert quasi performativ potenziert. *Indem ich mich als begehrenswert wahrnehme, werde ich für andere begehrenswert* lautet die Logik. Solch eine Rechnung, die Selbstwert und Begehrenswert miteinander multipliziert, findet sich in den Versprechen der Werbewelt, sich mit dem richtigen Lippenstift sinnlich zu fühlen oder sich mit der richtigen Markentasche als erfolgreich und elegant zu empfinden. Erst durch die Bande des äußeren Blicks kann man sich als begehrenswert erfahren. Doch dieses affektive Anerkennungsgeschehen, das Begehren eröffnet, wird in individualistischen Bewertungsmechanismen gefangen, welche die sexuelle Selbstarbeit als Konkurrenzlage organisieren. Während die feministischen *body politics* Schönheitsnormen kritisierten, verstärken sich diese derzeit. Das Konzept der Selbstsorge, das aus dem Schwarzen Feminismus kommt, hatte einst Audre Lorde eingebracht, um daran zu erinnern, dass Aktivist*innen auch für sich selbst sorgen müssen, um politisch aktiv zu sein, als kollektiv organisierte Sorgepraxis.[180] Hingegen wird das Konzept der Selbstsorge in individualistisch verengten Spielarten gewissermaßen gegen sich gewendet. Die Schönheitsdiskurse greifen das feministische Vokabular auf und reichern es durch populärpsychologische Schlagworte wie Selbstwert und Selbstliebe an. Ein weiterer aktivistischer Begriff, der solch eine Wendung erfahren hat, ist body positivity. Dazu kommentiert Beate Hausbichler: »Mit dem kämpferischen Ruf ›Body Positivity!‹ erzählen uns jene Unternehmen, die uns jahrzehntelang völlig jenseitige Idealvorstellungen von Frauenkörpern eingehämmert haben, nun: ›Liebe deinen Körper!‹. Für die Arbeit daran, wie wir diese Selbstliebe plötzlich hinbekommen, steht die Ratgeberindustrie schon Gewehr bei Fuß. Meditieren, achtsam sein, richtig atmen. So oder so: Die Arbeit bleibt. Und nicht mehr nur am schlanken Körper, sondern gleich am ganzen Selbst.«[181] Statt solidarischer Beziehungsweisen, wie sie feministische Bewegungen anstreben, sollen sich die Unternehmer*innen jede und jeder selbst für den individuellen Erfolg abmühen.

Die Begriffe des erotischen Kapitals und der affektiven, ästhetischen und sexuellen Arbeit lenken die Aufmerksamkeit weg vom Begehrenswert der Waren hin zum Begehrenswert von Menschen. Menschliche Beziehungen erschöpfen sich bei Weitem nicht in Wertlogiken, ganz im Gegenteil übersteigen und unterlaufen sie diese beständig. Derweilen zeigt die Logik des Begehrenswerts an, wie Menschen aufgerufen sind, einander entlang von Leistungsimperativen und Schönheitsidealen zu bewerten; genauso wie sie dazu aufgerufen sind, Arbeit an sich zu verrichten. Diese Anforderungen sind verschieden verteilt. Zwar erfasst die Aufforderung zur ästhetischen Körperarbeit alle, und doch differenziert sie sich entlang gesellschaftlich gezogener Geschlechtergrenzen. Körpergeschichtlich wurde Maskulinität mit Produktion und Femininität mit Konsumtion assoziiert, der »weibliche Konsumkörper war das Komplement des männlichen Produktivkörpers«.[182] Das bezeugt die altbekannte Faustformel der Werbewelt *sex sells*, die die Verführungskraft von Waren beschwört. Es sind bestimmte Körper, die neben Produkten zu Werbezwecken positioniert, präsentiert und warenförmig feilgeboten werden. Gemäß Ashley Mears steht die Formel für eine vergeschlechtlichte Ökonomie, die Weiblichkeit für Werbezwecke einsetzt und suggeriert, Frauen seien sexuell verfügbar.[183] Dies ist kennzeichnend für den Konsumkapitalismus und seine visuellen Vermarktungsstrategien, die sich am maskulin-heteronormativen Blickregime ausrichten. Als frühes Beispiel führt Mears die *shopgirls* im viktorianischen England an, die Waren bewarben. Aktuelle Beispiele sind Hostessen, ›Gallerinas‹ in Kunstgalerien oder Flugbegleiterinnen – in all diese Arbeitsfelder spielen Attraktivität und Begehrenswert hinein. Meist geht es weniger um konkrete sexuelle Akte als um eine visuelle Ökonomie weiblich gelesener Körper.[184]

Mears untersucht eine spezifische Form des erotischen Kapitals, das »Girl Capital« in der Jet-set-Partyszene der reichsten Prozent, die von den Hamptons über New York hin zu Saint-Tropez zieht. Sie erläutert die Verausgabungsriten dieser Elite: in schäumenden Exzessen übergroßer Champagnerflaschen, spendiert von wohlbetuchten Gästen, die sich mit einem Schwarm von Girls umgeben.[185] Die sogenannten Promoter organisieren die Gesellschaft der Girls, hierbei gibt es eine klare Rangordnung des Begehrenswerts: Das meiste Girl Capital besitzen berühmte Models, besonders Victoria-Secret-Modells, nachgeordnet kommen sämtliche Models, in der Stufe darunter stehen »Zivilistinnen«, junge Frauen, die nicht modeln, aber ausreichend gutaussehend, hochgewachsen und schlank sind.[186] Während das erotische Kapital dieser Girls in ihrer bloßen Präsenz besteht, werden »Bottle Girls«, die Kellnerinnen, die die Bestellungen der Champagnerflaschen aufnehmen, als sexuell verfügbar gegen Bezahlung angesehen, sie stehen in der Hierarchie eine Stufe niedriger als die Girls.[187] Je mehr Models um ihn herum, je mehr spendierte Champagnerflaschen, umso größer das Prestige für den VIP-Gast. Mears macht eine Dynamik des Überbietens und Verschwendens sichtbar, die sie, angelehnt an Veblen, Bataille und Marcel Mauss, als Gabenökonomie der Verausgabung begreift.[188] Diese

Zirkulation von Frauen als vergeschlechtlichte Gabenökonomie birgt eine lange Geschichte, die Gayle Rubin aufzeigt.[189] Der Gabentausch lebt bei den VIP-Partys fort.[190] Er setzt den Begehrenswert der Körper der Girls ins Äquivalenzverhältnis mit dem sozioökonomischen Status der VIP-Gäste. Die Promoter, die im Gegensatz zu ihren weißen, wohlhabenden Kunden oft of Color sind und aus weit weniger privilegierten Verhältnissen kommen, verdienen an ihrem Geschäft, solange es ihnen gelingt, genug »Quality Girls« zu organisieren. Sie hoffen vor allem auf das kulturelle Kapital, das aus dem Kontakt mit den Superreichen erwachsen soll – ein Aufstiegswunsch, der sich so gut wie nie erfüllt.[191] Die Girls erhalten zur Kompensation Getränke, Essen, Reisen und Zugang zu exklusiven Räumen, Spaß und Aufregung, sie werden nicht bezahlt für ihre Anwesenheit. Umso wichtiger wird es für die Promoter, ihre Kontakte zu den Girls als Freundschaften zu führen.[192] Dadurch werden die ökonomischen Transaktionen und die aufwendige Arbeit verdeckt, die in den Partys steckt, die Präsenz der Girls darf diesen nicht als Arbeit erscheinen.[193] Diese vergeschlechtlichte Wertökonomie lässt zutage treten, wie bestimmte Körper warengleich bewertet und in Zirkulation gebracht werden und die Transaktionsstrukturen Beziehungen vorbestimmen. Wenn man den Status der Girls und

Promoter mit den VIP-Gästen vergleicht, wird ersichtlich, wie differentielle Ausbeutung Konsumsphären durchzieht. Den ökonomischen Organisationshintergrund der Partyszene zu verschleiern, bedarf des affektiven Aufwands sowie ästhetischer sexueller Arbeit vonseiten der Promoter, aber auch von den Frauen selbst. Dass ihre Präsenz auf den Partys nicht als Arbeit gerahmt wird, erlaubt die Ökonomisierung ihres Girl Capital durch andere – die Promoter und deren Kunden. Die Körperordnung des Begehrenswerts, wie sie sich in diesen VIP-Kreisen abzeichnet, baut darauf auf, mit dem erotischen Kapital junger Frauen zu spekulieren, ohne dass diese bewusst über dessen Einsatz bestimmen.

Unique Selling Points: Berechnungsformeln des Begehrenswerts

Die Anforderungen, sich authentisch auszudrücken, sich besonders zu zeigen und bemerkbar zu machen, rufen die epistemologische Kopplung von Begehren, Authentizität und Identität auf. Plattformen wie Instagram und Facebook oder Tinder und OKCupid im Feld der Onlinedating-Anbieter spornen ihre User zur Zeigelust an und wecken deren Begehren danach, bewertet zu werden. Wie sich Vorstellungen von Begehren und Sexualität,

Individualität und Innerlichkeit verändern, das bezeugt das Phänomen des Onlinedatings. Dass Dating-Websites virtuelle »Attraktivitätsmärkte«[194] herstellen und deren digitale Infrastrukturen Beziehungen als ökonomische Transaktionen vorformen, ist vielfach festgestellt worden.[195] Die Nutzer*innen sind sich der Widersprüchlichkeit bewusst, in Standardformaten Authentizität auszudrücken.[196] Wie fordern die Affektökonomien des Onlinedatings dazu auf, authentischen Ausdruck einzusetzen, um Begehrenswert zu akkumulieren?

Ob auf der Suche nach Langzeitromanze, Liebschaft oder *casual sex*, beim Onlinedating geht es um Begehren. Unternehmen wie OKCupid oder Tinder machen ein breites erotisches und amouröses Angebot. Zum Zwecke des algorithmischen Matchmaking hat Tinder den *desirability score* eingeführt. Die seit 2012 existierende Dating-App ist minimalistisch gestaltet, die Benutzerin sieht die anderen User-Profile wie auf einem Kartenstapel angeordnet. Unter dem Profilfoto stehen Angaben wie Name und Alter. Der zentrale Mechanismus ist das *Swipen*. Mit einer Wischbewegung über den Smartphone-Screen werden die Profile nach links oder rechts aus dem Angebot potenzieller Dates aussortiert oder als mögliches Match markiert. Nur wenn sich zwei User als Matches akzeptieren, können sie in Kontakt treten.[197] Zur Berechnung des Begehrenswerts dient der *desi-*

rability score.[198] Sein Algorithmus erfasst Profile, die häufig angeklickt werden, in einem Ranking, sodass ihnen ihrerseits Profile angezeigt werden, die nach der quantitativen Messung des *desirability score* vergleichbar begehrenswert sind. Noch ausgefeilter arbeitet der Elo-Score: Kommt ein User in Kontakt mit einem User, der quantitativ als begehrenswerter gilt, wirkt sich dies positiv auf das Ranking aus. Der niedrig eingestufte User wird höher eingestuft. Der Elo-Score lehnt sich an die Elo-Zahl an. Diese beziffert den Wert und die Spielstärke einer Schachspielerin. Deren Wert steigt, sobald sie eine höher bewertete Gegnerin schlägt. Dies führt vor Augen, dass beim Onlinedating ein antagonistisches, kriegerisches Begehrensmodell am Werk ist, darauf angelegt, sich gegenüber Kontrahent*innen durchzusetzen. Die algorithmischen Arbeitsweisen intervenieren in die Interaktion, indem sie ihre User auffordern, einander flüchtig zu bewerten. Bei Tinder entscheidet ein schneller Blick auf das Profilbild, eine Wischbewegung, ob es sich lohnt, mit diesem Menschen in Kontakt zu treten. Die User sind gefordert, eine Konsumentscheidung zu treffen, die zeitgleich eine Einschätzung des eigenen Begehrenswerts als auch des Begehrenswerts anderer vollzieht.[199] Nach Reckwitz ist das spätkapitalistische Paradigma des Singulären in Formate der Standardisierung eingebunden. Während die soziale Logik des Allgemeinen und die Logik des Besonderen »in der industriellen Moderne einen asymmetrischen Dualismus bilden, transformieren sie sich in der Spätmoderne in eine Vordergrund- und eine Hintergrundstruktur«.[200] Im Digitalen verfahren »[z]weckrationale Infrastrukturen zur Fabrikation von Einzigartigkeit« über Valorisierungstechnologien wie »Ratings und Rankings«, anhand derer »die Besonderheiten von Restaurants, Universitäten, Coaches oder potenziellen Ehepartnern miteinander verglichen werden«.[201] Indessen vernachlässigt Reckwitz' Studien wie stark Ideen von Individualität und Authentizität sexualitätsgeschichtlich eingebunden sind. Umso mehr drängt sich das Phänomen des Onlinedatings auf, um das Zusammenspiel von zweckrationaler Hintergrundstruktur und affektiver Vordergrundstruktur zu betrachten. Im Falle von Onlinedating, wo es um intime Begegnungen geht, birgt Authentizität enorme affektive Sogkraft. Das Ringen um die Bestätigung der eigenen Attraktivität setzt intensive Affekte frei. Im Hintergrund arbeiten Ausdifferenzierungs- und Valorisierungsmechanismen, die mit diesen freigesetzten Affekten kalkulieren. Somit arbeiten die Rechenoperationen des Onlinedatings als Affektökonomien, die mit Begehrenswert spekulieren.

Im Gegensatz zu Tinder gibt OKCupid mehr individuellen Spielraum zur Selbstdarstellung. Auf den User-Profilen der seit 2004 aktiven Dating-Plattform steht eine tabellarische Zusammenfassung: *Pansexual. Heteroflexible. Woman. Single. 175 cm. Curvy. White. Speaks English and some German. Smokes regularly. Drinks socially. Looking for people, within 25 miles, ages 28–42, short & long term dating and hookup.* Mittig findet sich ein Themenkatalog: *My self-summary. What I'm doing in my life. Favourite books, movies, shows, music, and food. My partner should be.* Unter der Sparte *The first thing people notice about me* soll die Nutzerin ihr Alleinstellungsmerkmal preisgeben, ihren *unique selling point.* Obzwar die Selbstdarstellung auf stark standardisierten Formen beruht, sind Nutzer*innen angerufen, sich möglichst echt und einzigartig zu zeigen. Begehren wird in Bewertungsmechanismen eingebunden, in denen Authentizität als ästhetischer Maßstab fungiert. Neben dem Themenkatalog, in dem die User Angaben zu ihrer Persönlichkeit, ihrem Leben, ihren Wünschen machen, können sie die angestrebte Beziehungsform anhand von Kategorien bestimmen: *Hookup, New Friends, Short-time dating, Long-time dating,* mit der Angabe kombiniert, ob monogam oder non-monogam. Zudem gibt es mehr als zwei Geschlechtskategorien. Sexuelle Präferenzen und Praktiken sind in kombinierbaren Kategorien ausdifferenzierbar: *Pansexuell. Omnisexuell. Polysexuell. Asexuell.*

Demisexuell. Allosexuell. Sapiosexuell. Mit all den Individualisierungsangeboten durch kombinierbare Kategorien und Fragen zu Charakterzügen, Gepflogenheiten, Ansichten und Vorlieben fordert und fördert OkCupid den Selbstausdruck. Währenddessen errechnet die Website mit quantitativpsychometrischen Mitteln Persönlichkeitsprofile. Auf den ersten Blick scheinen diese Operationen gegenläufig, das Authentische mit dem Standardisierten zu vereinen, im Zusammenspiel von affektiven Anreizen und rationellen Zugriffen. Doch der Phänomenbereich des Onlinedatings veranschaulicht die veränderte Vermessungsgeschichte der Sexualität. Der Aufruf, authentisches Begehren in kombinierbaren Kategorien auszudrücken, geht mit der Annahme einher, dieses sei algorithmisch berechenbar. Das Zusammenspiel von Standardisierung und Singularisierung zeugt davon, wie die Liberalisierung von Lebensbereichen zeitgleich mit ihrer Kommerzialisierung vonstattengeht. Durch das Diversitätsangebot hebt sich OKCupid von anderen Anbietern ab, diese Sichtbarkeit an Vielfalt ist durchaus ein Spätefekt der sexuellen Emanzipationsbewegungen. In der Post-68-Geschichte werden die Deterritorialisierung von Begehren und seine Reterritorialisierung als Begehrenswert deutlich. Für Deleuze und Guattari besteht die Deterritorialisierung des Begehrens darin, das es sich von der Wertlogik des Kapitals befreit und Beziehungsweisen ohne hierarchisch organisierte Identitäten ermöglicht. Da jedoch De- und Reterritorialisierung miteinander einhergehen, wird das befreite Begehren in marktwirtschaftliche Rechenraster zurückgebunden – es reterritorialisiert sich. Derweilen kann die Deterritorialisierung des Begehrens marktförderlich sein. Das beweist die Kommerzialisierung des Sexuellen im Zeichen von Differenz und Diversität. Beim Onlinedating erhöht freigesetztes Begehren den Mehrwert im sexuellen Markt, es reterritorialisiert sich, indem es in die Bahnen von Angebot und Nachfrage gelenkt wird, die Beziehungen marktförmig gestalten.[202] Obwohl sich Begehrens- und Beziehungsformen vervielfältigen, bleibt das Rechenraster des Begehrenswerts beharrlich bestehen. Das Angebot an vielfältigen Identitäten, Orientierungen und Beziehungsmodellen zeugt von der Suche und der Sehnsucht nach alternativen Lebens- und Liebesweisen. Und dennoch fügt es sich in das Dispositiv des Matchmakings. Begehren wird in ökonomische Wertordnungen reterritorialisiert und in Bemessungsraster des Begehrenswerts rückgebunden, in marktkompatible, kompetitiv angelegte Ideen von Identität, Individualität und Authentizität. Das Gewicht, das *unique selling points* bei der Akkumulation von erotischem Kapital zukommt, steigert den symbolischen Wert des Authentischen. Dessen

Aufwertung geht mit marktlogischen Ausdifferenzierungsmechanismen einher, die den Konkurrenzkampf um erotisches Kapital anfachen. In affektökonomischen Rechenoperationen werden User in Eigenschaften zergliedert, die kategorisierbar und kombinierbar in der Gesamtsumme ihr sichtbares Selbst ergeben sollen. Dieses multiplikatorische Individualitätsprinzip rechnet fest mit dem Authentizitätsfaktor. Und der Appell, sich als echt und ehrlich zu inszenieren, regt affektiv an. Schließlich liegt die symbolische Macht des Authentischen genau darin: Je mehr sich Menschen entfremdet fühlen, desto stärker sehnen sie sich nach Authentizität. Ebendeshalb entfaltet sich im Zusammenspiel zwischen Zweckrationalität und Affektintensität ein neuer, spielerischer Zugang zur Selbstgestaltung des Authentischen. In der digitalen Ordnung des Onlinedatings setzen sich Individuen aus Eigenschaften, Vorlieben und *unique selling points* zusammen, die in der Logik des Matchmakings mit anderen kombinierbar werden. Die User sind aufgerufen, ihre Authentizität performativ hervorzubringen, indem sie sich durch Alleinstellungsmerkmale abheben. Sie wird zum zentralen Vermarktungsfaktor des Selbst, in den amourösen »Attraktivitätsmärkte[n]«[203] und anderweitig.

3. Authentizität

Gegenwärtig äußern sich starke Sehnsüchte nach dem Authentischen: die neuentdeckte Liebe zum Landleben, Managementratgeber für *authentic leadership*, Instagram-Bilder des *#authenticme*, Achtsamkeitstrends bis zu männerbündischen Motivationstrainings zur Erkundung ›natürlicher‹ Maskulinität. So unterschiedlich die Ausdrucksformen der Authentizitätssuche sind, so sehr zeugen sie vom allgegenwärtigen Anspruch, authentisch zu sein. Heidi Klums Bemerkung avanciert zum Sinnspruch spätkapitalistischer Subjektivierung, der deren widersprüchliche Anforderung auf den Punkt bringt: »Du warst da nicht ganz authentisch, das musst du noch weiter einstudieren.« Diese Inszenierung als authentisches Individuum bedarf der fortwährenden Aufmerksamkeit und Bestätigung, in deren Spiegel sie sich erst als gelungen erfahren kann. Authentizitätsaufführungen bilden ein affektives Anerkennungsgeschehen. Sie spielen sich in Interaktionen statt im abgekapselten Inneren von Individuen ab. Zudem sind sie medial vermittelt und kulturgeschichtlich vorgezeichnet. So prägen die Authentizitätsideale eines Jean-Jacques Rousseau noch immer Ideen authentischer Individualität. Daher ist es sinnvoll, sich der Gegenwartslage genealogisch, im Krebsgang anzunähern.[204] Authentizität als kulturelles Ideal, affektiver Sehnsuchtsort, sozialer Bewertungsmaßstab und kulturkritischer Kampfbegriff – diese vielen Arbeitsweisen legen eine Betrachtungsweise nahe, die das Soziale, Kulturelle, Ökonomische und Politische als einander durchwirkende Sphären begreift. Schließlich beeinflusst Authentizität Anerkennungsdynamiken, fungiert als politisches Schlagwort und arbeitet als konsumkultureller Wertmaßstab. Ihr Aufstieg beginnt in der Aufklärung, im Wechselspiel von Rationalitäts- und Romantikidealen.

Aufklärungsgeschichten des Authentischen

Die Vorgeschichte moderner Authentizitätsvorstellungen ist von Glauben und Geständnis geprägt. Vormals bezeichnete der Gedanke des Authentischen ein durch Gott vermitteltes Selbstverhältnis. Diese Denklinie zieht sich von den Bekenntnissen des Kirchenvaters Augustinus[205] im 4. Jahrhundert zu den christlichen Beichtpraktiken im 17. Jahrhundert, in denen das geständige Subjekt sein sündiges Inneres offenbaren soll.[206]

Ab dem 18. Jahrhundert werden Authentizitätsideale in eine säkulare Semantik des modernen Individuums eingebettet. Diese Übersetzung eines religiösen Selbstbezugs in die säkulare Subjektform weist darauf hin, wie sehr Affektivität und Rationalität in Ideen des Authentischen hineinspielen. Bei allen Unterschieden beziehen sich aufklärerische Authentizitätskonzepte auf das Verhältnis von Allgemeinheit und Besonderem.[207] Ihre Doppelaufgabe besteht darin, den aufgeklärten Bürgern Ausdrucksformen anzubieten, um ihren singulären Willen kundzutun und dennoch der allgemeinen Vernunft zu folgen. Dadurch eröffnet Authentizität einen Einsatzpunkt für Entfremdungskritik, die das Individuum den gesellschaftlichen Konventionen entgegensetzt. Gleichsam macht sie ein Versöhnungsangebot in einer zweckrationalen Welt, da sie individuellen Ausdruck aufwertet. Ob Authentizitätsvorstellungen rational oder emotional gerahmt sind, ihnen ist gemein, ein affektives Angebot zu machen: Die Kontingenz der Welt ohne Gottesbezug lässt sich durch den Selbstbezug überschaubar gestalten. Gleichsam verspricht Authentizität Sicherheit im Bezug zu anderen, weil sie als Garant für die Glaubwürdigkeit einer Person einstehen soll.

Im Zeichen aufgeklärter Vernunft wird rational gerahmte Authentizität als Willensäußerung vernunftbegabter Bürger in der räsonierenden

Öffentlichkeit begriffen. Diese rationalen Authentizitätsvorstellungen sind an Vernunftvermögen und -gebrauch gebunden.[208] Aufklärerische Ideen von Identität, Individuum und Individualität verschalten sich mit dem Prinzip der Vernunft und dem Vermögen der autonomen Entscheidung. Gleichwohl begreift Rousseau, der die moderne Entfremdungskritik entscheidend beeinflusst, Authentizität als innerliche, emotionale Wahrheit des Individuums. Menschen werden »empfindsam geboren«, sie haben »das, was ich die Natur in uns nenne«.[209] Rousseau folgt der Traditionslinie des Augustinus und nimmt die pastoralmächtige Erzählform auf, um in seinen *Bekenntnissen* von seiner inneren Wahrheit zu berichten.[210] In seiner Selbstbeschreibung entwirft er sich in heldenhafter Eigenwilligkeit als naturnaher Einzelgänger, der sich von der Masse abhebt. In seiner Lebenszeit fördert die entstehende Marktgesellschaft individuelle Interessen. Die Ausdifferenzierung der Geschmäcker befördert die prosperierenden Nationalökonomien. Für Rousseau führt dies zur Entfremdung: Aufgrund von Ungleichheit müssten Menschen um Besitz und Prestige ringen, gezwungen zum Maskenspiel, eingezwängt in die Rollenkorsetts der gesellschaftlichen Ordnung, als Adliger und Bauer, als Fabrikant und Arbeiter, als Bürger und Bettler. Er beklagt eine »allgemeine Gier nach Ansehen, Ehre und Auszeichnungen, die uns alle verzehrt, die […] einander vergleichen läßt« und »alle Menschen zu Konkurrenten, Rivalen, oder vielmehr zu Feinden macht«.[211] So bestechend seine Entfremdungskritik ist, bleiben Rousseaus Authentizitätsideale irreführend. Seine Beschreibung des Naturzustands beruht auf einem »imaginären Schauplatz«, beobachtet Butler, »auf dem nur ein einziges Individuum präsent ist: selbstgenügsam, ohne Abhängigkeiten, erfüllt von Eigenliebe und ohne Bedürfnis nach anderen«.[212] Das authentische Selbst ist ein dezidiert männliches, weißes und bürgerliches Subjekt. Für Rousseau neigen Frauen naturgemäß zu Niedertracht und Maskenspiel, unfähig zum authentischen Ausdruck.[213] Gleichsam exotisiert er Menschen des Südens als edle Wilde, die mehr Temperament als Vernunft hätten.[214] Solche Ausschlüsse aus dem Ideal aufgeklärter Authentizität teilen die verschiedenen aufklärungsphilosophischen Diskurse.

Die Behauptungen des authentischen Selbst der aufgeklärten, europäischen Bürger gründen sich auf den Zuweisungen von authentischer Alterität an andere, denen das Vermögen zu Autonomie und Vernunftgebrauch aberkannt wird. Im Entstehungsmoment der Moderne bietet Authentizität zwar eine Semantik für emanzipative Sehnsüchte nach Selbstbestimmung, doch sie wird in Differenzdiskurse eingefasst, die Ungleichheiten fortführen. Diese Ungleichheiten äußern sich in Ausschlüssen entlang der Fragen, wer in der Marktgesellschaft als ökonomisches Subjekt zählt und wem Sprechfähigkeit als politisches Subjekt zugestanden wird, »als homo politicus kann nur gelten, wer auch ein homo oeconomicus ist«.[215] Diese Anerkennungslage führt zurück zur Frage, wem auf welche Weise Authentizität zugeschrieben wird. Während der Aufklärung bildet sich die bürgerliche Marktgesellschaft heraus, deren Mitglieder sich – so das Ideal – auf dem Markt als Gleiche unter Gleichen begegnen. Mithin steht die Sphäre des Marktes und der Öffentlichkeit im Zeichen des männlichen Vernunftgebrauchs, während die bürgerlichen Philosophen und Politiker die Sphäre der Privatheit mit weiblicher Gefühligkeit assoziieren. Auf diese Weise begründen sie den Ausschluss von Frauen aus der Öffentlichkeit. Diese seien unfähig zum autonomen Willensausdruck und zu vernunftgeleitetem Handeln.[216] Anfang des 19. Jahrhunderts schränkt man die Rechte von Frauen sogar noch weiter ein, als dies zuvor der Fall gewesen ist.[217] Öffentliche Rede bleibt bürgerlichen Männern vorbehalten. Genauso gestaltet es sich mit Geschäften. Es sind die Söhne und Väter, die Ehemänner, denen das Vermögen zum Vernunftgebrauch zugesprochen wird, um als Familienvorstand in der Marktgesellschaft zu fungieren. Demnach bringen die aufklärungsphilosophischen Diskurse geschlechterpolitisch zwei Authentizitätsvorstellungen in Anschlag: Männlich assoziierte Authentizität wird durch Vernunft und Mut, Härte und Heroismus aufgewertet, dahingegen beruht weiblich assoziierte Authentizität auf Gefühlsamkeit und Naturnähe.

Wie oben angedeutet, ist diese Authentizitätssemantik tief in rassifizierende Denkraster eingelassen. Die Idee des modernen Individuums beruht auf aufklärerischen Idealen von Vernunftgebrauch, maskuliner Selbstkontrolle und kultivierter Empfindsamkeit. Dieses ist durchaus ein Gefühlswesen, doch es soll seine Regungen regulieren und ist angehalten, sich von der Vernunft leiten zu lassen und ein spezifisches Emotionsrepertoire zu kultivieren. Diese Diskursfigur formiert sich anhand von rassistischen Alteritätszuschreibungen, die Ideen europäischer Identität hervorbringen.[218] Sie entsteht in kolonialen Alteritätskonstruktionen rassifizierter Anderer, die man in ihrer angeblichen Impulsivität und Intensität imaginiert, die man neidet, fürchtet, verachtet und begehrt. In diesen rassistischen Imaginationen arbeitet eine doppelte Authentizitätskonstruktion. Das moderne Individuum erfindet seine Authentizität in Abgrenzung und Abwertung zu rassifizierten Anderen. Die selbsternannten Söhne der Aufklärung projizieren ihre verächtlich machenden und gleichsam begehrlich aufgeladenen Alteritätsimaginationen auf die Menschen, die in den Gewaltexzessen des europäischen Kolonialismus gefangen sind. Während weiße bürgerliche Männer vom Wohlstand der Kolonialwirtschaft profitieren, sprechen sie all denen, die dort nekropolitisch ausgebeutet werden, das Vernunftvermögen ab.[219] Folglich fungiert Authentizität als Projektionsfläche für die hegemonialen Herrschaftsansprüche des europäischen Bürgertums. Sie wird wirksam mithilfe der biologistischen Differenzdiskurse, die dazu dienen, differentielle Ausbeutung und Ungleichheit zu rechtfertigten. Die sich herausbildenden Humanwissenschaften betreiben eine Hierarchisierung der Menschen auf der Grundlage biologistischer Zuschreibungen, die koloniale Gewalt begründen sollen.[220] Unterdessen verstärken sexuelle, geschlechtliche und rassistische Differenzzuweisungen einander.[221] Vorstellungen des Sexuellen artikulieren sich in rassifizierten Imaginationen. So exotisierten und entmenschlichten weiße Europäer*innen Schwarze Frauen und Männer als animalisch. Einige von ihnen wurden in kolonialen Völkerschauen vorgeführt, die Ende des 19. Jahrhunderts in Mode kamen. Ihnen wird ein anderer biopolitischer Wert zugesprochen und ihre Körper werden entlang der Linien differentieller Ausbeutung als verwertbar, verfügbar und vernichtbar erachtet. Wie aktuell solche Zuschreibungen bleiben, zeigen stereotype Vorstellungen von per se submissiven Asiat*innen oder hypersexuellen Schwarzen Frauen.[222] Sie beruhen in langer Linie auf den biologistisch begründeten Wertordnungen der Moderne und ihren Bewertungsmustern, die Körpern in ungleichen Weisen biopolitischen Wert und Begehrenswert zuweisen. Augenscheinlich äußert sich Authentizität nicht für alle gleich, sie wird an Differenz gemessen und daran, wer sie wie beanspruchen kann und wem sie abwertend zugeschrieben wird.

Während aufklärerische Diskurse ab dem 18. Jahrhundert Authentizität mit dem Vernunftgebrauch mündiger Bürger assoziieren, küren die romantischen Diskurse sie zum affektiven Sehnsuchtsort der Moderne.[223] Rousseaus philosophische Idealfigur des emotional expressiven Individuums inspiriert die Romantik im 19. Jahrhundert, sodass Authentizität atmosphärisch als naturverbundene Innerlichkeit aufscheint. Sinnbildlich sind die Landschaftsmalereien von Caspar David Friedrich. Die sanften Schattenspiele des Elbsandsteingebirges sollen das Innenleben des Malers widerspiegeln.[224] Dem stürmischen Drang der Romantik zur Eigentlichkeit gingen die neuzeitlichen Geständnispraktiken und ihre Erzählweisen des authentischen Begehrens voraus. Durch die Romantik steigt der symbolische Wert des individuellen Ausdrucks. Ein Späteffekt der Säkularisierung: Je entzauberter die Welt, umso stärker der Zauber des Authentischen. Derweilen erweitern sich pastoralmächtige Praktiken von weltabgewandter Selbstfindung zu »weltzugewandter Selbstverwirklichung«.[225] Im 20. Jahrhundert setzen sie sich in psychoanalytischen, therapeutischen Diskurspraktiken fort.[226] In den von Psychologie geprägten Gesellschaften etabliert sich eine Ordnung des Begehrenswerts, die sich geschichtlich wandelt und dennoch den Grundzug beibehält, dass Authentizität als Messwert für erfolgreich gemeisterte Individualität gilt.

Das Individualitätsstreben, das sich in der romantischen Selbstsuche abzeichnet, entfaltet sich vollends im späten 20. Jahrhundert, als das »Zeitalter der Authentizität« anbricht.[227] 1968 bildet die Zeitmarke, ab der Authentizität zum spätmodernen Signum der Individualität wird und sich zugleich zusehends in die Marktlogik einfügt. In den westdeutschen, linksalternativen Milieus der 1970er- und 1980er-Jahre setzte man authentischen Ausdruck ein, um kapitalistische Entfremdungs- und Ausbeutungsverhältnisse zu kritisieren. Die Bewegungslinken wollten sich aus dem Zwangskorsett bürgerlicher Biografien befreien. Anstelle des entfremdeten Lebens, das im Konsumrausch der Wirtschaftswunderjahre in den 1950er- und 1960er-Jahren einen Höhepunkt gefunden hatte, experimentierten sie mit Gemeinschaftsformen, in denen sie Arbeiten und Wohnen, Leben und Lieben kollektiv gestalteten.[228] Wie Sven Reichhardt anhand der linksalternativen Milieus in Westdeutschland in den 1970er- und 1980er-Jahren beschreibt, beeinflusste deren Bestreben, in kollektiven Lebens-, Liebes- und Arbeitsverhältnissen Freiraum für Selbstausdruck zu schaffen, maßgeblich Authentizitätsvorstellungen. Authentisch zu sein galt ihnen als »Distinktionsmerkmal, es unterstrich die eigene Besonderheit und setzte eine gegenkulturelle Identitätssuche in Gang«.[229] In ihren Praktiken »ging es um die Ausbildung eines ›authentischen Selbst‹, welches durch bestimmte Kommunikations- und Körpertechniken konstituiert wurde und das Politikverständnis steuerte«.[230] Authentizität fungierte als kapitalismuskritischer »Selbstzuschreibungs- und Reflexionsbegriff der Linksalternativen«, der anschlussfähig war »in der sich individualisierenden, postmodernen Gesellschaft der siebziger Jahre, die die Freisetzung aus Rollenmustern und neue Autonomien einforderte«. Denn »das linksalternative Milieu [bot] mit seinen Selbsterfahrungsnormen und Selbstverwirklichungsgruppen die Möglichkeit [an], […] sich einer selbst gewählten Identität zu versichern«.[231] Da die Bewegungslinken anstrebten, neue Beziehungsweisen zu erkunden, ging der Gemeinschaftsgedanke der Authentizität voraus. Doch je mehr die alternativen Selbstsuchepraktiken auf breite Begeisterung stießen, desto individualistischer gestalteten sie sich. Die Aufmerksamkeit wanderte vom Individuum in der Gemeinschaft zum für sich stehenden Individuum. In den 1980er-Jahren avancierte Authentizität zum Ziel innerer, spiritueller Sinnsuche. Diese Entwicklung erscheint als resignative Rückzugsstrategie angesichts der versiegenden Hoffnung auf eine radikale Transformation von entfremdeten Gesellschaftsverhältnissen hin zu gemeinschaftlichen Lebensweisen. Derweilen fügten sich die Selbstfindungsbotschaften der aufkommenden New-Age-Diskurse in die Wertesysteme der im Wandel begriffenen Unternehmenskultur. Die 1980er-Jahre gelten als Anfangsphase des Neoliberalismus in Westeuropa. Genau in der Zeit, in denen die britische Premierministerin Margaret Thatcher verkündete, es gebe keine Gesellschaft mehr, nur den Einzelnen, den Staat und die Familie, fand die esoterische Botschaft der Selbstfindung Anklang, selbst Managementdiskurse nahmen von New Age inspirierte Ideen auf.[232] Das Leitmotiv bildet damals wie heute das neoliberale Dogma *There Is No Alternative.* Angesichts der autoritären Setzung negativer Freiheit und individueller Verantwortung, die neoliberale Politiker*innen verbreiten, wurde Authentizität vom Signum eines antikapitalistischen, utopischen Außerhalb zu einem eskapistischen Sehnsuchtsort, der angesichts des angeblich alternativlosen Wirtschaftssystems symbolischen Wert gewinnt, weil er erlaubte, sich innerhalb dieses Systems einzurichten, indem er versprach, das daraus entstandene Leiden zu lindern. Derweilen boten die New-Age-Diskurse selbstökonomisierende Leistungsideale sowie Praktiken der Selbstarbeit an, die den Anforderungen des Arbeitsmarktes dienlich sind. Da sie Raum zum emotionalen Erleben eröffnen, machen sie affektive Angebote, um sich psychisch in den ernüchternden wirtschaftlichen Verhältnissen einzurichten. Einhergehend mit selbstsorgerischen Konsumpraktiken wird Authentizität zum »Erlebnis, das durch die wechselseitige Hervorbringung von Gefühlen und Konsumpraktiken bewirkt wird«.[233] Zwar eröffneten die Neuen Sozialen Bewegungen ab den 1970er-Jahren individuellen Entfaltungsspielraum, allerdings sind die »Reste alternativen Lebens – Ideale wie Kreativität, Autonomie, Selbstverwirklichung und Authentizität – […] in die Sphäre des Konsums gewandert«.[234] In den Alternativmilieus der 1960er- und 1970er-Jahre war Authentizität politisch begehrenswert, in den darauffolgenden Jahrzehnten wandelt sie sich in ökonomischen Begehrenswert.

Das einst erstrebenswerte Modell des Durchschnittsbürgers, der einer Durchschnittsarbeit nachgeht, bevor er zu seiner Durchschnittsfamilie heimkehrt, ist unattraktiv geworden. Galt zuvor ein bürgerlicher, heterosexueller Lebenslauf als erfolgreiche Subjektwerdung, dient dieser nach Reckwitz nun als Negativfolie, von der sich das gelungene Leben abheben soll. Diese Entwicklung ist eine Folge der »postromantische[n] Authentizitätsrevolution nach 1968«.[235] Bis in die Gegenwart bildet Authentizität eine diskursive Reibefläche zwischen Individuum und Gesellschaft. Aktuell sind Vorstellungen emotionaler Authentizität vorherrschend. So erstreckt sich eine kulturgeschichtliche Linie von Rousseau über die Romantik bis in die gegenwärtige Emotionskultur.[236] Seit der Aufklärung wird der Markt als vernunftgeleitetes Wirtschaftsgeschehen betrachtet, durch das Tauschwerte entlang der Gesetzmäßigkeit des Markts entstehen. Doch in dieser Logik des Allgemeinen arbeitet nach Reckwitz von Anfang an die Logik des Singulären.[237] Zwar stehen die geteilten Geschichten der Aufklärung und des industriellen Kapitalismus im Zeichen von Vernunft, doch vermittelt über Rousseau und die Romantik setzen sich in ihr religiöse und rituelle Traditionen fort. Darin äußert sich die Sehnsucht nach dem Singulären, als Aufwertung des Besonderen gegenüber dem Allgemeinen. Infolgedessen muss sich das symbolisch aufgewertete Individuum von weiterhin herrschenden Normvorstellungen abheben, während seine Darstellungsmodi in der digitalisierten Gesellschaft selbst stark standardisiert sind. Unterdessen nimmt der Darstellungsdruck in virtuellen Aufmerksamkeitsmärkten zu, da diese durch den Schlüsselmechanismus der Likes die soziale Taxonomie verschärfen. Die Bildsuche des *#authenticme* auf Instagram führt zu einer Fülle an Selbstausdrücken: Ein Mittdreißiger beim Schneidern, der sein Business als Sinnerfüllung beschreibt. Eine Sonnenbrillenträgerin, die vor den verspiegelten Scheiben eines schicken Cafés ein Getränk genießt: »Relaxing & de-stressing ›Me time‹ Sippin' on skinny margs«. Eine Frau in Sommerkleid vor einem Baum, ihr lachendes Gesicht in den Himmel gestreckt: »Being strong does not make me any less feminine. I am not any less gentle or caring because I lift weights as I am not more aggressive or manly because I am willing to compete in the sport of CrossFit. My body is an extension of my character, my goals and my confidence.« Diese Bildbeschreibungen des *#authenticme* bezeugen die Berechnungsformeln des Begehrenswerts. Der Schneider personalisiert sein Unternehmen, sein Geschäft ist Leidenschaft und Lebenssinn. Er präsentiert sich als Privatmensch, der im Schneidern seine Selbstsorgestrategie fand und sie zum Beruf macht. Die Sonnenbrillenträgerin kürt den Konsum von Margaritas zum Merkmal ihrer *Me-Time*. Die Sportliebhaberin versucht physische Stärke mit Normen natürlicher Weiblichkeit zu vereinen. Ihren Körper erachtet sie als Instrument, um Lebensziele zu erreichen und ihr physisches und psychisches Potenzial auszuschöpfen. Hierfür schwört sie auf die Trainingsmethode des Unternehmens CrossFit. Sofort wird ersichtlich, wie sehr Selbstdarstellungen des *#authenticme* in ökonomische Praktiken eingefasst sind.

Wer im Wettbewerb mitmischen will, muss möglichst authentisch erscheinen. Deshalb sind Menschen dazu angehalten, ihre Persönlichkeit auszudifferenzieren. »Das spätmoderne Selbst performed sein (dem Anspruch nach) besonderes Selbst vor den Anderen, die zum Publikum werden. [...] Die Spätmoderne erweist sich so als eine Kultur des Authentischen [...].«[238] Ein Kennzeichen dieser Authentizitätskultur liegt darin, dass sie auf Affektintensivierung aufbaut. Seit der Aufklärung zielten westliche Kulturideale darauf ab, Affekte abzuschwächen, um ein geordnetes bürgerliches Subjekt hervorzubringen. Das hat sich grundlegend gewandelt.[239] Vermittelt über die Idee emotionaler Authentizität formen sich Vorstellungen darüber, was als ehrliches Auftreten wahrgenommen wird. Demgemäß entwirft sich Eigentlichkeit als emotionales Erlebnis und emotionale Expression. Anstatt an Einfluss zu verlieren, verstärken sich jedoch die zweckrationalen Zugriffe im Dispositiv der digitalen Vergleichbarkeit.[240] Die Dynamiken dieser Plattformen sind von standardisierten Bewertungsmechanismen vorgeprägt. Diese arbeiten im Hintergrund, während im Vordergrund Individualität inszeniert werden soll. Das Äquivalenzprinzip bestimmt die Wertlogik der Warenwelt. Genauso bedingt es digitale Märkte. Facebook, TikTok und Instagram bilden so Werbeplattformen für Unternehmen, der von ihnen vorgeformte Raum schreibt Vermarktungsstrategien für Waren in die Kommunikationsmodi der User ein. Das Selbst soll beworben werden. In diesen pastoralmächtigen Praktiken wird authentischer Ausdruck nicht als innengewandter Prozess gedacht, sondern als Prozess der Selbstmodellierung, der sich über das Antlitz anderer vollzieht und deren Beobachtungen und Bewertungen braucht, um sich von der Echtheit des Ich-Erlebens zu überzeugen. Dieses performative Authentizitätsverständnis bestimmt die Diskursschablonen eines gestaltbaren Selbst. Sie äußert sich nicht mehr als inszenierte Zurückgezogenheit in der Natur, wie in Rousseaus Schriften oder Caspar David Friedrichs Gemälden von inneren Landschaften. Das *#authenticme* findet sich inmitten seiner Netze. Das Selbst soll sich in seiner sozialen Eingebundenheit als authentisch erweisen. Dennoch besteht die romantische Verbindung von Natur, Alleinsein und Authentizität unter neuen Vorzeichen fort. Ein Instagram-Selfie von der Bergwanderung, das Selbstbild mit versonnenem Blick aufs Meer, oder lächelnd in einer bunten Blumenwiese, die Pose vor dem Baum der CrossFit-Trainerin – alle diese Naturbezüge betonen das *#authenticme*. Trotzdem wird die »Me-Time« geteilt, im Modus des permanenten Postens von Aktivitäten, Gedanken und Stimmungen. Die Aufforderung, authentisch zu sein, ist allgegenwärtig, beim Bewerbungsgespräch, in Management-Literatur, bei Instagram, in Beziehungsratgebern oder Fernsehshows wie *Germanys Next Top Model* oder *Queer Eye*. Je zahlreicher die Möglichkeiten zum Selbstausdruck, desto knapper bemessen ist aber die Aufmerksamkeit. Beachtung erhält, wer auf anregende Art authentisch auftritt. Diese Rangelei um Sichtbarkeit erhöht den symbolischen Wert von Authentizität.

Je mehr Authentizität strategisch einsetzbar wird, umso stärker wird sie affektiv aufgeladen. Unterdessen rufen marktgesteuerte Operationsweisen neue Entfremdungseffekte hervor. Menschen wissen um die ökonomischen Mechanismen, die ihr Leben lenken. Gerade deshalb erscheint authentischer Ausdruck so kostbar. Während man im Professionellen authentisches Auftreten als Ressource einsetzt, ersehnt man im Privaten das echte Leben.[241] Unterdessen setzen sich die Bewertungsmechanismen des Begehrenswerts dort fort. Die Selbstinszenierungsformen sind eingebettet in die Selbstsorgepraktiken der therapeutischen Emotionskultur. Gemeinsam betreiben sie eine Aufwertung des Authentischen. Diese Hochkonjunktur deutet auf einen Widerspruch hin, der modernen Authentizitätswünschen innezuwohnen scheint: Je stärker Entfremdung erfahren wird, desto dringlicher sucht man nach authentischer Selbsterfahrung. Ob Ratgeberliteratur, Yoga, Life-Coaching, Achtsamkeitsübungen: Der Selbstsorgemarkt bietet zahlreiche Angebote. Angesichts dessen bilden Authentizität und Entfremdung keine Gegensätze, vielmehr verstärken sie einander. Aufgrund der Entfremdungserfahrung, keine Resonanz mit der Umwelt zu spüren, suchen Menschen affektive Artikulationsformen. Dass gerade die Standardformen für das Selbsterlebnis, etwa auf Instagram, entfremdend wirken können, ist augenscheinlich. Aber auch therapeutische Ansätze tragen dazu bei, Gefühle zu rationalisieren, und können Entfremdungseffekte hervorrufen, gerade wenn sie in Form standardisierter Selbstsorge-Angebote daherkommen, die von Multiple-Choice-Psychotests über Meditation-Apps oder *Ein gutes Buch über Achtsamkeit* reichen, ein Tagebuch, in dem man tabellenförmig seine Leistungen und Lebensziele evaluiert. Dieser Phänomenkatalog zeigt an, wie sehr der symbolische Wert des Authentischen steigt, weil die Entfremdungseffekte andauernder Bewertbar- und Vergleichbarkeit authentisches Erleben umso erstrebenswerter machen. Je mehr sich Menschen entfremdet fühlen, umso stärker ist der Wunsch nach Authentizitätserlebnissen, weshalb sie sich wiederum Angeboten zuwenden, welche die Entfremdung fortführen. Ein Gegenwartsbeispiel für das tückische Wechselspiel zwischen Entfremdungserfahrung und Authentizitätssehnsucht bietet die App BeReal. Sie präsentiert sich als Alternative zur Selfie-Kultur von Instagram. Die User, deren Profile mit Freund*innen verlinkt sind, erhalten tagtäglich eine Benachrichtigung mit der Aufforderung »be real«. Sie müssen innerhalb von zwei Minuten ein Selfie schießen. Jeder weitere Versuch, jede Verzögerung wird auf der App angezeigt. Ihr Authentizitätsversprechen liegt darin, kaum Zeit für sorgsame Selfie-Posen zu lassen, sie macht angeblich »Schluss mit der ›Fake‹-Show in sozialen Plattformen und will zeigen, wie das Leben wirklich ist«.[242] Selbstverständlich bleibt die Inszenierung bestehen, nur muss sie sich noch mehr als solche verschleiern, muss noch spontaner erscheinen. Unschwer lässt sich erahnen, wie Anspannung und Entfremdung durch die App eher anwachsen, statt eine tatsächliche Alternative zu anderen Plattformen anzubieten.

Wert. Differenz. Wettbewerb.

Authentizität und Entfremdung eignen sich als kulturkritische Kampfbegriffe, weil man sie affektpolitisch mobilisieren kann. Sie zielen auf Selbst- und Weltbezug, auf Authentizitätssehnsucht und Entfremdungserleben ab. So avancierte Authentizität im 20. Jahrhundert zum Leitmotiv linker wie rechter Kulturkritik. Sie wird zu einem Mittel der Politik. Da politische Authentizitätsinszenierungen stets von den Bilderwelten ihrer Gegenwart geprägt sind, stehen soziokulturelle Ausdrucksmodi und politische Artikulationen des Authentischen in Wechselwirkung. In seinem berühmten Kunstwerk-Aufsatz legt Walter Benjamin 1935 dar, wie Authentizität als Anschlussstelle zwischen Politik und Konsumkultur arbeitet. Der damals aufkommende faschistische Führerkult macht sich die Mittel der Hollywoodinszenierungen von Stars und ihrer Personality für die Politikinszenierung authentischer Autorität zunutze.[243] Dergestalt verbindet sich popkulturelle Authentizität mit dem philosophischen Eigentlichkeitsdenken Martins Heideggers.[244] Indem sie auf vermeintliche Natürlichkeit verweisen und individuellen Heroismus in den Vordergrund rücken, werden Ideen des Authentischen anschlussfähig für rechte Politiken. Das zeigt sich heutzutage in postfaktischen Politiken, die in überspitzer Form Vorstellungen emotionaler Authentizität aktualisieren – mit gegenaufklärerischem Einschlag. Rechte Politiker werfen sich in die Pose authentischer Autorität, wie prominent Donald Trump. Ihr Machtanspruch gründet sich auf gefühlten Wahrheiten und individuellem Siegeswillen.[245] Verbreitung finden die Posen der authentischen Autorität auch bei Maskulinisten wie Andrew Tate, die offen Gewalt gegen Frauen propagieren, ihren unbedingten Siegeswillen betonen und sich als Alpha-Männer präsentieren. Dahinter steht meist eine über Youtube- oder TikTok-Videos beworbene Geschäftsstrategie: Coaching-Angebote für andere Männer, mit dem Versprechen, diese von Beta- zu Alpha-Männern zu machen, sei es in Form von Workshops von sogenannten Pick-up-Artists oder Beratungen zum Spekulationsgeschäft im Internet, wie im Falle von Tates Hustler-Academy. Die Figur authentischer Männlichkeit wird hier als skrupelloser Finanzakteur gefasst, dessen Wille ihn zum Erfolg treibt und dessen autoritäre Ausstrahlung den Willen von Frauen brechen soll. Unschwer ist in solchen Männlichkeitsperformanzen der anti-feministischste Abwehrkampf gegen die sich wandelnden Geschlechterverhältnisse zu erkennen.[246]

Die Authentizitätsvorstellungen der Gegenwart sind allerdings, wie wir gesehen haben, weniger von rechten als von linken Politiken geprägt, etwa den Selbstsorgepraktiken der Alternativmilieus der 1970er- und 1980er-Jahre. So erleben Begriffe wie Identität und Differenz seit Ende der 1970er-Jahre einen rasanten Aufstieg. Dies ist den queeren, feministischen und anti-rassistischen Bewegungen geschuldet, die sichtbar machten, wie sich Ungleichheiten durch Identitäts- und Differenzzuweisungen fortschreiben. Im Zuge dessen wurde Differenz positiv übersetzt und Authentizität als politische Ausdrucksform aufgewertet. Gleichsam übernahmen Alain de Benoist oder Henning Eichmann, Vordenker der sogenannten Neuen Rechte das neue Differenz- und Identitätsvokabular der poststrukturalistischen Diskurse und erneuerten so alte Denkmuster einer naturalisierten Differenz, wie etwa im Konzept des Ethnopluralismus.[247] Auch hier wird der Begriff der Authentizität wichtig, den Benoist gegen das aufklärerische Gleichheitspostulat wendete, indem er ihn mit Verwurzelung, Heimat und dem Eigenen assoziierte.[248] Identitäts- und Authentizitätspolitiken finden sich folglich auf rechter wie linker Seite. Philipp Sarasin zeigt auf, wie identitätspolitische Diskurse ab 1977 um genau jene Episteme kreisten, die nachfolgend in neoliberalen Narrativen aufgingen – Identität, Differenz, Individualität und Authentizität.[249] Es wäre jedoch verkürzt, linke und rechte Identitätspolitiken gleichzusetzen. Das ist der Fall in Reckwitz' Gegenwartsanalyse. Er versteht linke wie rechte Identitätspolitiken als »Neogemeinschaften«,[250] da sie seiner Einschätzung nach auf die Singularität der Gruppenidentität abzielen und sich vom Allgemeinen abwenden würden. Solch eine hufeisenförmige Analyse verkennt allerdings, dass sich linke Identitätspolitiken am Anspruch der Gleichheit und damit durchaus am Allgemeinen ausrichten, gerade weil sie universalistische Normen in ihren realexistierenden Ausschlüssen kritisieren und gegen differentielle Ausbeutung kämpfen. Identität ist ihr politischer Einsatzpunkt für egalitäre Politiken, auch wenn dieser strategische Essenzialismus, um eine Formulierung von Gayatri Spivak aufzunehmen, risikoreich bleibt.[251] Solange sich sogenannte Identitätspolitiken an Gleichheit ausrichten, bleiben sie egalitäre Politiken. Dadurch wird Gleichheit zur Trennmarke zwischen linken und rechten Identitätspolitiken. Diesen Unterschied arbeitet Sarasin anhand des Combahee River Collectives heraus, ein 1974 in Boston gegründetes Kollektiv, das ausgehend von dem Standpunkt als Schwarze lesbische Feministinnen darauf aufmerksam machte, dass Machtstrukturen stets miteinander verschränkt sind, und den Begriff der Identitätspolitik einbrachte.[252] In dem spannungsreichen Verhältnis zwischen partikularer Identität und allgemeinem Gleichheitsanspruch hielten sie am »fiktionalen Fluchtpunkt der Gleichheit«[253] fest. In gegenteiliger Weise setzten reaktionäre Politiken auf verschlossene sexuelle, geschlechtliche, nationale und kulturelle Identitäten, die sie mithilfe eines naturalisierten Differenzbegriffs in eine faschistische Wertordnung bringen. Verhärtete Identitätsideale und Authentizitätsglauben erweisen sich als äußerst profitabel für rechte Politiken. Der Aufwind der Authentizität aktualisiert die Idee des heroischen Individuums, das auf maskulinen, militärischen Idealen aufbaut, woran faschistische Strömungen mühelos anschließen. Im Gegensatz dazu sind die Essenzialisierungstendenzen von Identitäts- und Authentizitätsideen für linke Politiken irreführend. So warnt Spivak vor einer »Nostalgie der Ursprünge«,[254] die den Ideen von Identität und Authentizität innewohnt und emanzipativen Politiken entgegenstrebt, da sie die ungleichmachenden Differenzzuschreibungen fortführen, gegen die feministische und antirassistische Bewegungen kämpfen.

Authentizitätsideen dienen aber nicht allein als politische Leitmotive. Sie sind seit Anbeginn der Moderne in die Auf- und Abwertungsmuster des sozialen Wettbewerbs in der Marktwirtschaft eingebunden. Wie fließen nun identitätspolitische Ideen in die Konsumkultur ein? Welcher Mehrwert ergibt sich aus Differenz und Diversität? Politisch positiv gedachte Differenz erhielt ab den 1970er-Jahren Einzug in die Konsumkultur. Zunächst tauchte der Differenzbegriff in politischen und philosophischen, poststrukturalistischen Diskursgefügen auf, neben Jacques Derrida prominent bei Deleuze, dessen Philosophie auf dem Denken ontologischer Differenz beruht. Für Deleuze ist das Seiende selbst von Differenz bestimmt, der ontologische Differenzbegriff dient ihm als machtkritisches Begriffswerkzeug. Dahingegen arbeitet der kommodifizierte neoliberale Differenzbegriff als Mechanismus der wertlogischen Ausdifferenzierung.[255] Hierbei spielen verschiedene Differenzen ineinander. Um die Übersetzungsketten zwischen den Differenzdiskursen knapp zusammenzufassen, sei nur Folgendes angeführt: Die biologistische Differenz, die sich seit Beginn der Moderne als starke Differenz[256] einschreibt, hat sich in materielle differentielle Ausbeutung und symbolische Einschreibung sozialer Differenz übersetzt, in rassifizierte, vergeschlechtlichte, klassenbedingte und ableistische Differenzen. Nach 1968 haben linke Identitätspolitiken mit Bezug zum ontologischen Differenzbegriff soziale Differenz politisiert. Sie kritisierten die Differenzeinschreibungen der Ungleichheit und brachten einen positiven, politischen Differenzbegriff ein.[257] Diesen positiven politischen Differenzbegriff übernahmen, wir haben es gesehen, rechte Denker wie Benoist und Eichmann, die ihn in naturalisierte, essenzialistische Differenz rückübersetzten. Gleichzeitig wurde der positive politische Differenzbegriff linker Identitätspolitiken anschlussfähig für neoliberale Diskurse, er wandelte sich zu einem wertförmigen Differenzbegriff, der im Diversitätsvokabular der Arbeits- und Konsumwelt wirksam wird. Während positive politische Differenz für gesellschaftliche Pluralität einsteht, arbeitet sie in ihrer Übersetzung als kommodifizierte, wertförmige Differenz in einer Distinktionsdynamik. In der Konsumsphäre ermöglichen Differenz, Differenzierung und Distinktion Mehrwert: Was qua Differenz vergleichbar wird, wird bewertet und dadurch verwertbar. Je ausdifferenzierter die Waren, desto ausdifferenzierter die Bewertungsmechanismen und Distinktionsdynamiken. Diese Differenzlogik setzt sich sozial fort. Gesellschaftspolitisch äußert sich der wettbewerbsgeprägte Differenzbegriff in Imperativen wie *Be different! Make the difference!* Neoliberale Differenzimperative tragen so dazu bei, dass der Status des Begehrenswerts steigt. Wert schafft Differenz. Wert ist Differenz. Dieser sozioökonomische Schlüsselmechanismus steht in widerspruchsreichem Wechselspiel zu Diskursen positiver politischer Differenz. Gegenwärtig werden im Zeichen von Diversität Menschen, die aufgrund von Differenzeinschreibungen abgewertet wurden, anerkennungslogisch aufgewertet. Queere Menschen, Menschen of Color, trans Menschen, Menschen mit Behinderungen. Man sollte die politischen Wirkungen von kultureller Sichtbarkeit nicht unterschätzen, beispielsweise ist es für queere Kinder und Jugendliche unfassbar wichtig zu sehen, dass es Lebensweisen jenseits heterosexueller Normen gibt. Ohne diese enormen Errungenschaften emanzipativer Identitätspolitiken schmälern zu wollen, liegt der kritische Fokus hier aber auf der Frage, wie Differenz, Diversität, Identität, Individualität und Authentizität ökonomische Wertordnungen fortschreiben.

Wie eine emanzipative Wendung von Differenz eingehegt wurde, lässt sich gut anhand von Schönheitsnormen skizzieren, die sich erweitern und gleichsam verengen. Beth Ditto, bekannt geworden als Sängerin der Band The Gossip, offen lesbisch lebend, über dem Normgewicht der Modebranche liegend, posierte auf den Titelblättern von Hochglanzmagazinen. Mit Caitlyn Jenner hat *Vanity Fair* erstmals eine Frau, die trans ist, auf einem Cover abgelichtet. Mit Beyoncé hat eine Schwarze Künstlerin die gläserne Decke des Showbusiness durchbrochen. Das althergebrachte westliche Hollywood-Weiblichkeitsideal, blond, feminin, schlank und weiß zu sein, scheint im Verschwinden begriffen. Man kann die Sichtbarkeit an Vielfalt, die ästhetische Anerkennung anderer Körper als Deterritorialisierung des Begehrenswerts begreifen. Auf der Ebene der Repräsentation werden Gesellschaften mehr und mehr in ihrer gelebten Pluralität sichtbar. An die Stelle »rigide[r] Normativität« tritt »flexible Normalisierung«.[258] Ebenso ist die Diskursfigur des Homo oeconomicus durchlässiger geworden. Ein erfolgreiches ökonomisches Subjekt muss nicht mehr weiß, männlich und bürgerlich sein.[259] Das Fortwirken dieser Figur des ökonomischen Menschen äußerst sich heute vielmehr in der Anforderung, als entrepreneuriales Subjekt zu agieren, das sich selbst zu vermarkten weiß. Menschen werden so als eigennutzenorientierte Wesen erachtet, die ihrem individuellen Profit folgen.[260] Alle sind angehalten, sich bestmöglich zu verwerten. Verschleiert werden die weiterhin vorherrschenden ungleichen Startbedingungen und Zugangschancen. Menschen, die mit Differenz markiert sind, sind gefordert, diese als Alleinstellungsmerkmal einzusetzen. Dadurch werden die emanzipativen identitätspolitischen Differenzdiskurse in die Dynamik von Distinktion und Differenzierung rückgebunden. Die Deterritorialisierung sozialer Normen geht mit ihrer Reterritorialisierung in ökonomische Wertigkeiten einher. Für alle, die Differenz verkörpern, führt dies zu einem schwierigen Sichtbarkeitsregime zwischen Subversion und Stereotyp, zwischen Emanzipation und Exotisierung. Die Differenzeinschreibungen spielen in Distinktionsdynamiken hinein, die einerseits erlauben, das Selbst aufzuwerten, und andererseits alte Abwertungsmuster aktualisieren. Damit sind Menschen, die Sichtbarkeit durch Differenz erlangen, auch verstärkt exotisierenden Projektionen und ressentimentgeladenen Anfeindungen ausgesetzt. Trotz selbstermächtigender Strategien, Schönheitsnormen umzuformen, müssen sie sich an Alteritäts- und Authentizitätszuschreibungen abarbeiten. Unterdessen wird ihnen im Zeichen der Diversität nahegelegt, aus ihrer Differenz Kapital zu schlagen und diese als Individualitätsmarker herauszustellen. Dies zeigt die Präsenz queerer Menschen in Unterhaltungsmedien, zum Beispiel bei der Makeover-Show *Queer Eye*, in der queere Lifestyleberater Menschen mit Schönheits- und Selbstsorgetipps beistehen. Obwohl die Sendung mit Stereotype n aufräumt, aktualisiert sie das alte Stereotyp, schwule Männer würden über natürliche Kompetenz in Stilfragen verfügen. Gleichsam bleibt das Spiel mit Stereotypen subversiv, weil die Sendung queere Lebensweisen für ein breites Publikum sichtbarer macht. *Queer Eye* schafft derart politisch wichtige Sichtbarkeit– eine Deterritorialisierungsbewegung. Die Reterritorialisierung besteht in den Darstellungsmodi, die die Selbstdarsteller*innen dazu drängen, ihren Begehrenswert zu erhöhen, indem sie ihre Differenz zu Distinktionszwecken einsetzen. Die Aussicht auf Begehrenswert drängt sie dazu, ihre Differenz zur Schau zu stellen.

Bei *Germanys Next Top Model* treten neben queeren Beratern wie Modedesigner Wolfgang Joop oder Catwalk-Coach Jorge Gonzáles Dragqueens auf. Obwohl die Sendung Stereotype über die Spektakelkultur des Drags bedient, schafft ihr Auftritt Unruhe in der Geschlechterordnung: Die Mädchen, wie Heidi Klum die Kandidatinnen nennt, studieren im Zweiergespann mit einer der Dragqueens eine Tanzeinlage ein, für die sie sich so glamourös wie die Dragqueens schminken. Die Kunstform der Überzeichnung des Drags lässt die Gemachtheit von Geschlecht hervortreten, sodass erkennbar wird, dass sämtliche vergeschlechtlichte Verkörperungen auf spezifischen sozialen Darstellungsmodi beruhen. Schönheit und Weiblichkeit der *Germanys Next Top Model*-Kandidatinnen sind genauso gemacht wie die der Dragqueens. Seit Staffel 16 setzt *Germanys Next Top Model* vollends auf das Thema Diversität. Neben denen, die den klassischen Modelmaßen entsprechen, werden Kandidatinnen eingeladen, die darüber oder darunter liegen und in die Kategorien der *curvy* oder *petite* Models fallen. Seit der 17. Staffel sind sogar ältere Kandidatinnen dabei. *Germanys Next Top Model*, so die neu lancierte Botschaft, will nicht weniger als die Modewelt revolutionieren. Die Kandidatinnen zeichnen sich durch ihre individuellen Storys aus, mithilfe derer sie ihre Differenz vermarkten sollen. So ist eine Kandidatin gehörlos, die andere ist mit ihrer Familie aus Syrien geflüchtet. Ihre Selbstdarstellungen werden in stereotype Einspieler eingebettet. Trotz dieser Rahmung können die Erzählungen der Kandidatinnen und ihrer Familien mit Klischees brechen und neue Sichtbarkeiten schaffen. Dabei wirkt jedoch die Herrschaft des Begehrenswerts fort. Die Kandidatinnen sollen ihre Besonderheiten als Markenzeichen bewerben, beispielsweise wird Soulin Omar von Heidi Klum nahegelegt, die Geschichte ihrer Flucht aus Syrien beim Casting für einen Modeljob als Alleinstellungsmerkmal vorzutragen. Die breitanlegte Diversitätsbotschaft ist eingelassen in eine individualistische Leistungslogik. Da man Differenz wertschätzt, so die unterschwellige Sendungsbotschaft von *Germanys Next Top Model*, spielt strukturelle Benachteiligung keine Rolle mehr. Durch die Diversitätsprogrammatik soll fairer Wettbewerb gewährt werden – eine auf Diversität gepolte Botschaft der Chancengleichheit. Sobald die Bewerberinnen zugelassen sind, zählt allein ihr individueller Ehrgeiz. Wenn Maria Schimanski, die gehörlose Kandidatin, nicht unmittelbar die Anforderungen beim Fotoshooting umsetzen kann und in einer frühen Runde aus der Sendung fliegt, liege das an mangelndem Ehrgeiz. Unbeachtet bleibt dabei, dass ihre Gebärdendolmetscherin dem Sprechtempo bei den Shootings nicht hinterherkommt. Das Diversitätsnarrativ der individuellen Leistung blendet die Strukturhaftigkeit von Ungleichheit aus. Manchmal aber machen die Kandidatinnen diese selbst sichtbar. Zum Beispiel schildert Ashley Amegan in der 16. Staffel einer Mitstreiterin, ihre Mutter habe ihr von klein an erklärt, dass sie doppelt so hart arbeiten müsse wie andere. Ohne dass es benannt wird, verdeutlicht der Gesprächsausschnitt, warum ihre Mutter das so eindringlich erklärte: Rassismus und die mehrfache Belastung für Schwarze Frauen. Man sollte diese Stimmen und Sichtbarkeiten nicht unterschätzen. Dennoch neigen Sendungsformate, die Diversität in den Vordergrund spielen, dazu, strukturelle Ungleichheit in den Hintergrund zu drängen. Differenz wird als vermarktbarer Individualitätsmarker für das authentische Storytelling behandelt, einsetzbar im Wettbewerb um Begehrenswert.

Obwohl die Ausdifferenzierung des Begehrenswerts in verschiedensten Rechenoperationen verfährt, verläuft sie stets über Vergleiche, die Differenz statt Gemeinsamkeit und Hierarchie statt Gleichheit betonen. In diesen differentiellen Wirkungsweisen des Begehrenswerts zeichnet sich ein Zug ab, der alle Körper umfasst, wenn auch in unterschiedlichen Weisen: Der Anspruch, attraktiv zu sein und authentisch aufzutreten, ist rasant gestiegen. Sicherlich ist Heidi Klums Sinnspruch, man müsse das authentische Selbst einstudieren, ein offenes Geheimnis. Die vor dem Badezimmerspiegel eingeübten Posen für das Selfie bilden visuelle Studien des eigenen Selbst, das entlang des Bewertungsmaßstabs des Authentischen in Szene gesetzt wird. Sich verfügbar zu machen, um vergleichbar und valorisierbar zu sein und im Wettbewerb der Aufmerksamkeit zu bestehen, erfordert Geschick für ästhetische Selbstarbeit. Um Begehrenswert zu gewinnen, sind Menschen dazu angehalten, im Kalkül von Anpassung und Abgrenzung authentisches Auftreten als Ressource einzusetzen. Die affektiven Anreizungen zur Selbststilisierung rufen ein performatives Authentizitätsverständnis hervor. Das Authentische muss nicht mehr in psychoanalytischen Fragespielen entschlüsselt werden. Man soll sein Selbst ausarbeiten, ausdifferenzieren, Eigenschaften und Vorlieben kreativ kombinieren, mit Alleinstellungsmerkmalen kalkulieren, um Aufmerksamkeit zu erringen. Statt ein eigentliches Selbst wiederfinden zu wollen, sollen Menschen ihr Selbst zum performativen Produkt affektiver, ästhetischer Praktiken machen. Authentizität erscheint als Performanceleistung. Zwar müssen sich Menschen, insbesondere diejenigen, die mit Differenz markiert sind, weiterhin an alten Authentizitätszuschreibungen abarbeiten. Dennoch verändert sich die Produktionsweise des authentischen Subjekts, dieses greift aktiv in den Gestaltungsprozess ein. Die Annahme eines essenzialistisch gegebenen Selbst wird ersetzt durch eine essenzialisierende Selbstgestaltung. Es ist ein Wesensmerkmal von Authentizität, inszeniert zu werden. In den medialen Welten der Gegenwart liegt das Wissen um diese Inszenierung offen an der Oberfläche.

Zwischen Wettbewerb und Bindungswünschen

Offenbar erfordert authentisches Auftreten, sich zu anderen in Bezug zu setzen und sich damit von ihnen abzugrenzen. Das führt in den Hochspannungsbereich zwischen Wettbewerb und Bindungswünschen. Durch Vergleichbarkeit wird Wettbewerb geschaffen. Ästhetisch äußert sich dies bei *Germanys Next Top Model* im Umstand, dass die Kandidatinnen bei den Shootings oder Catwalks ähnliche, thematisch passende Outfits tragen, etwa glitzernde Burlesquebodys oder Abendroben, die sich durch Details in Form und Farbe voneinander abheben. Das eine Abendkleid hat eine Schleppe, das andere wird mit Federboa getragen, die burlesquen Pailletenbodys glitzern verschiedenfarbig. Im visuellen Raster der Vergleichbarkeit werden Individualitätsmarker gesetzt, die Vielfalt in der Einfalt erzeugen. Dieses Muster findet sich in den Anforderungen an die affektive, ästhetische, sexuelle Arbeit, die die Kandidatinnen leisten. In den Settings sollen sie sich speziell arrangieren – ein Catwalk auf einer Prachttreppe, die sie im mondänen Abendkleid hinabschreiten, eine Zirkusmanege, in der sie sich akrobatisch zwischen den Zeltstangen winden, die Alice-im-Wunderland-Kulisse, vor der sie extreme Gefühls- und Gesichtsausdrücke präsentieren, der Traumstrand, an dem sie sich im *wet look* in den Wellen rekeln. Motto und Setting erzeugen einen ästhetischen Vergleichsrahmen, um Einzelleistungen zu bewerten. Zum Ende jeder Szene kommentiert Klum Auftreten und Aussehen. *Deine Schultern waren krumm. Das sah sehr wacklig aus. Du hast zu wenig gewagt. Das sah eher nach Einkaufscenter statt High Fashion aus.* Sie bemisst neben Gestik, Bewegung und Aussehen die Persönlichkeiten der Kandidatinnen. Einer von Klums Co-Juroren beschreibt diesen Mehrwert wie folgt: »Die Mädchen brauchen nicht nur ein gutes Gesicht und einen guten Body, sie brauchen auch Personality, das gewisse Etwas.« Schönheit wird gemacht. Das ist die plakative Botschaft von *Germanys Next Top Model.* Diese gemachte Schönheit beruht nicht bloß auf dem richtigen Styling und dem professionellen Gang. Neben den physischen Attraktivitätsmerkmalen, die bestoptimiert in Szene gesetzt werden, um den Begehrenswert zu betonen, bedarf es der Personality, der eigenen Story. Um sich als Model zur Marke zu machen, müssen die *unique selling points* im Storytelling präsentiert werden. Die Anforderungen an die Models sind ambivalent, sie sollen wandelbar wie eigensinnig sein, dazu angehalten, sich anzupassen und zugleich abzusetzen. Eine der Bestandsproben ist das Treffen mit Boulevardjournalist*innen. Eine sehr junge Kandidatin antwortet auf die Frage, warum sie ihrer Meinung nach gewinnen solle: »Ja, weil ich halt besonders bin.« Die Einschätzung der Reporter*innen. »Damit macht man keine Schlagzeile.« Es reicht nicht, sich als eigen zu bezeichnen, man muss sich als echt und einzigartig zeigen, hierhin liegt die Leistungsaufforderung zur affektiven Arbeit. Eine andere Kandidatin bedrängen die Reporter*innen, von ihrer Kindheit zu erzählen, bis sie unter Tränen berichtet, wie sie ihre Geschwister allein aufzog. Das wird als gute Leistung gewürdigt. In einer anderen Folge müssen die Teilnehmerinnen mithilfe einer Schauspiellehrerin lernen, ihre Gefühle zu managen, um vor der Kamera möglichst echte Emotionen zu performen. Hierzu sollen sie ihre traurigsten Erinnerungen heraufbeschwören. Wer keine Tränen fließen lässt, wer nicht abliefern kann, ist raus. »Ich habe heute leider kein Foto für dich«, lautet das finale Urteil von Klum. Affektive

Arbeit besteht außerdem darin, trotz Wettbewerb Zusammenhalt zu finden, immerhin müssen die Kandidatinnen über Wochen auf engstem Raum und in extremen Lagen zurechtkommen. In ihrem Miteinander bilden sich freundschaftliche Banden mit solidarischen, tröstenden Gesten. Genauso spielen Neid, Missgunst und Schadenfreude hinein. Die Regieführung schürt und dramatisiert Konflikte der Kandidatinnen, indem diese in Einzelinterviews gedrängt werden, Werturteile über die Mitstreiterinnen zu fällen. Dieses inszenierte Spiel der wechselhaften Bewertung erschwert es, Wünschen nach Nähe nachzugehen. Und es zeugt von dem zweckrationalen Zugriff auf Gefühle, der als affektive Arbeitsleistung eingefordert wird.

Gesamtgesellschaftlich betrachtet gestaltet sich der Zugriff auf Gefühle zunehmend rationaler. Seien es therapeutisch trainierte Kommunikationsformen in Ich-Botschaften oder das abrufbare Selfie-Lächeln. Je mehr Gefühle gemanagt werden, desto stärker wird der Anreiz des Authentischen als Ressource in der Arbeitswelt und als Versprechen in der Alltagswelt. Die Bewertungsmechanismen, die Arbeitszeit wie Freizeit takten, modellieren Wahrnehmungs- und Bewertungsschemata. Indes scheinen Bewertbarkeit und Vergleichbarkeit eine Anziehungskraft auszuüben, die nicht nur aus der möglichen Maximierung des Begehrenswerts herrührt. Vergleiche bieten Orientierungshilfen inmitten einer kontingenten, hyperkomplexen, krisenbeschleunigten Gegenwart, in der sich auch bislang wohlstandsbeschützte Menschen bedroht fühlen. In diesen Krisenzeiten bildet Authentizität – etwa im Vokabular der Achtsamkeit – ein tröstendes Versprechen auf schützenden Selbstbezug. In ihren affektiven Anreizen verstärken Authentizität und Vergleichbarkeit einander: Angebote klar definierter Vergleichsstandards erwecken die Illusion des Verfügbar- und Verständlichmachens in sich unübersichtlich ausnehmenden Umwelten. Darin zeigt sich das Wechselspiel von Authentizität und Entfremdung. Da Menschen wissen, sich in Widersprüchen einzurichten, scheinen sie Bewertungen begehrlich zu besetzen. Da die kulturell vorgegebenen Ausdrucksweisen kompetitiv angelegt sind, zeichnet sich ein Begehren nach Bewertungen ab. Offenbar erzeugen Bewertungen Empfindungen, die sich von Unsicherheit, Ängstlichkeit und Frustration hin zu Erregung und Befriedigung erstrecken können – allesamt Gefühle, die in ihrem adrenalingeladenen Gemisch auch lustvoll besetzt werden. Die Skalen der Vergleichbarkeit stiften sicherlich einen Beruhigungseffekt, da sie Orientierung versprechen. Vor allem aber ist das Bewerten, besonders das Bewertetwerden, affektintensiv. Der Begehrenswert drückt sich nicht bloß darin aus, andere zu bewerten, sondern auch im Begehren danach, von anderen bewertet zu werden, um mit ihnen verbunden zu sein und von ihnen anerkannt zu werden. Wir leben in einer Bewertungsgesellschaft.[261] Deren Mechanismen, die eine neue Metrik des Sozialen modellieren, arbeiten mit Rankings und Ratings, Scores und Screenings.[262] Der beruhigende Zauber von Vergleich, Bemessung, Bewertung rührt aus dem andächtigen Gegenwartsglauben an eine Wahrheit der Zahlen.[263] Sie vermitteln den Eindruck objektiver Sachlichkeit. In ethischer Hinsicht erscheinen sie wertneutral. In ökonomischer Hinsicht erzeugen sie Wert. In sozialer Hinsicht erschaffen sie Wertungen. Durch diese Möglichkeiten des Vergleichens werden Ungleichheiten verschärft, da die feinmaschigen Raster der Vergleichbarkeit zu verstärkter Bewertung und hierarchischer Einordnung führen. Gewiss ist es nichts Neues, dass soziale Hierarchien auf Bewertungen beruhen, in denen Identitäten gegeneinander ausgespielt werden. *Teile und herrsche* – dieser Imperativ der Macht gilt auch für die Sachherrschaft des Kapitals. In den Bewertungsmechanismen bildet sich indes ein neues Narrativ der Gesellschaft heraus: Die absolute Vergleichbarkeit soll den Wettbewerbsgeist beflügeln. Dabei bilden Einzigartigkeit und Vergleichbarkeit einander antreibende Maximen. Scheitern wird in meritokratischer Manier den Einzelnen angelastet, ungeachtet struktureller Ungleichheit, ganz im liberalen Credo der Chancengleichheit. Dieser Zug, der kapitalistische Gesellschaftsverhältnisse grundlegend ausmacht, verschärft sich durch die digitalen Skalen der Vergleichbarkeit, sie verändern »unsere alltagsweltlichen Vorstellungen von Wert und gesellschaftlichem Status«.[264] Durch digitale Darstellungsformen des Ratings und Rankings wandeln sich »qualitative Unterschiede in quantitative Ungleichheiten«.[265] So sortiert der Imperativ des Bewertens die Beziehungen.

Obwohl Praktiken des Bemessens, Bewertens und Bewertetwerdens als Bewertungsbegehren bisweilen lustvoll besetzt werden, erzeugen sie affektive Anspannungszustände zwischen Stress, Erschöpfung und Erregung. Während Menschen in Zeitnot sind, von Termin zu Termin hastend, bildet die ständige Leistungs- und Performancebewertung eine enorme Stressquelle. Dagegen sollen Zahlenspiele des Achtsamkeitsregimes nervenberuhigend wirken. Zahlen strahlen eine Aura der Sachlichkeit aus, da sie eine »Antwort auf unsere Bedürfnisse nach Objektivierung, Sachbezogenheit und Rationalisierung« bieten, wobei hinter ihnen »Wertzuweisungsprozesse [stehen], die den Zahlen erst eine Bedeutung oder einen ›Wert‹ zukommen lassen«,[266] schreibt Steffen Mau. Ein Beispiel für zahlenvermittelte Sicherheitsgefühle bietet die *Quantified Self*-Bewegung. 2007 startete die Website »quantifiedself.com«, die unter dem

Slogan »Self Knowledge Through Numbers« steht. Erstrebt wird, sich selbst durch Zahlen zu erfassen. Das Self-Tracking und Life-Tracking, durch tagebuchähnlich geführte Tabellen oder Smartphone-Apps, helfen, Alltagsaktivitäten aufzuzeichnen und sie zu bilanzieren. Die Idee des quantifizierten Selbst reiht sich in die lange Linie pastoralmächtiger Selbsttechniken ein, denn wie »die Realisierung eines authentischen Selbst in der Therapie die Möglichkeit bietet, kohärente Lebensgeschichten zu erzählen und Identität zu konstruieren, so ist die Selbstquantifizierung [...] mit gesteigerter awareness und mindfulness verknüpft«.[267] Derweilen bleibt das numerische Narrativ in Wertordnungen eingebettet, die Selbstvermessenden stellen »allgemein gültige Bewertungsordnungen für ihre alltäglichen Tätigkeiten« her und bilden durch »ihre an den Leib und an seine Geschichte gebundenen Kompetenzen [...] subjektgebundenes immaterielles Kapital«.[268] Im Begehren danach, sich selbst zu bewerten, vermehren die Selbstvermesser*innen ihren Begehrenswert, der sich an Leistungssteigerung bemisst. Somit bietet die »Selbstvermessung als Lebensführungspraxis« eine Antwort auf »Unsicherheitserfahrungen in den Feldern der ökonomischen Konkurrenz [...], der leiblichen und seelischen Gesundheit und des Gefühlsmanagment[s]«.[269] Darin zeigt sich das Zusammenspiel zwischen Authentizität und Entfremdung: Um sich der Entfremdung zu entziehen und Verfügbarkeit über das eigene Leben zu verschaffen, werden zweckrationale Methoden gewählt. In den Achtsamkeitsregimen aktualisieren sich vernunftzentrierte Authentizitätsvorstellungen, die ihrerseits affektive Wirkungen entfalten, gerade in Form von Sicherheitsgefühlen, die solche Alltagsrituale stiften. Derartige Praktiken der biografischen Buchführung finden sich bereits in frühkapitalistischen Zeiten. Beispielsweise zeichnete Benjamin Franklin akribisch sein Tageswerk in Tabellenformen auf und folgte den protestantisch-asketischen Idealen des Fleißes, der Disziplin, der Ordnung und der Sparsamkeit.[270] Die Buchführung des Selbst vereint die Selbstsorge mit der Sachlichkeit des Zahlenspiels. Es finden sich zahlreiche Beispiele wie Achtsamkeit-Apps für Meditation und Mindfulness, die durch zeitlich taktende Alltagsvorgaben den Stress senken sollen. In solchem Selbstbewertungspraktiken äußern sich Verbesserungswunsch und Sicherheitssehnsucht, Intensitätssuche und Entspannungsbedürfnis. Der Erfolg solcher Selbstbemessungsangebote rührt wohl aus dem Zeitregime der Beschleunigung, durch das sich Entfremdungseffekte erhöhen.[271] Achtsamkeitspraktiken erscheinen als Bemühen, das eigene Leben in Takt zu halten und sich selbst auf Trab zu bringen. Sie sollen inmitten der beschleunigten Welt einen Rückzugsraum bilden, um sich dem Stress des Weltgeschehens und Alltagslebens zu entziehen und die Aufmerksamkeit auf die eigenen Wünsche zu richten. Man sieht also einen starken Zug zu affektregulierender Selbstführung. Oder, in den Worten einer Achtsamkeitstrainerin ausgedrückt: Mindfullness dient der Emotionsregulation.[272] Trotz buddhistischer Anleihen scheinen in Achtsamkeitsdiskursen althergebrachte bürgerliche Ideale der Selbstkontrolle auf. Außerdem wird schnell sichtbar, wie ökonomische Ungleichheiten ausgeklammert werden. Ein Beispiel bietet die Radiosendung *Achtsam*, dort wird das Thema Arbeit angesprochen. Als Mantra gilt: Es kommt auf die Gedankenkraft an. Wenn man leide, weil man Zehn-Stunden-Schichten habe, dann solle man, anstatt sich über Arbeitsbedingungen zu beklagen, das Mindset ändern, sogleich wandle sich die Situation selbst. Man könne sich seine Zeit achtsamer einteilen – eine Anmerkung, die von einer bessergestellten Beschäftigung mit flexibel gestaltbaren Arbeitszeiten ausgeht. Man könne auch kraft der eigenen Wünsche ganz woanders landen und etwa einen Bauernhof auf dem Land kaufen. Dass es der nötigen finanziellen Mittel bedarf, die nur einem sehr kleinen Teil der Gesellschaft zur Verfügung stehen, übersieht die Rede über Gedankenkraft geflissentlich.

Obwohl Achtsamkeitspraktiken solipsistisch ausgerichtet scheinen, bleiben sie sozial. Schließlich zielt Selbstgestaltung stets auf die Anerkennung anderer, an denen sich ihr Gelingen bemisst.[273] Doch der Wunsch nach Bezogenheit wird in den Bewertungsmechanismen eingefangen, die Menschen in Wettbewerb bringen, was zum Widerstreit zwischen vereinzelndem Wettbewerb und Verbindungswünschen führt. Durch Bewertungsmuster des Begehrenswerts wird der Wunsch nach Bezogenheit in bemessbare Beliebtheit übersetzt. Entsprechend eingeschränkt bleiben die Möglichkeiten für gemeinschaftliche Bande und Entfaltungsraum der Einzelnen. Trotzdem suchen Menschen nicht allein authentischen Selbstausdruck, um sich von anderen abzuheben, sie wollen sich im Begehren, gesehen und gehört zu werden, mit ihnen verbinden. Sie sehnen sich nicht nur nach individuellem Wandel, sie wünschen sich stabile Beziehungen, die aufgrund von Arbeitsverhältnissen, die Ortswechsel und flexible Einsetzbarkeit verlangen, schwieriger werden.[274] Doch sogar Beziehungen selbst werden in den Wettstreit um Beliebtheit einbezogen: In der digitalen Darstellungslogik werden Beziehungen – durch Freundschaftsbezeugungen, gemeinsame Fotos, Kommentierungen, Profilverlinkungen oder geteilte Accounts glücklicher Paare – zum erweiterten Begehrenswert einer Person. Verbundenheit wird zu einem weiteren Messwert für den sozialen Status.

Für wettbewerbsbasierte Bewertungsmuster, die affektintensivierend auf Verbundenheit abzielen, bietet sich *Queer Eye* als Beispiel an, die bereits erwähnte Makeover-Sendung, da sie Beziehungen besonderes Gewicht beimisst. Aufbauend auf der gleichnamigen Serie, die von 2003 bis 2007 ausgestrahlt wurde, lancierte Netflix 2018 eine Neuauflage von *Queer Eye* – mit enormem Erfolg und internationalen Ablegern wie *Queer Eye Brasil* und *Queer Eye Deutschland.* Das Makeover-Team, die Fab Five, setzen sich aus vier Gays und einer non-binary fairy, so die Selbstbezeichnung, zusammen, die jeweils unterschiedliche Kompetenzbereiche haben: Karamo Brown ist für Kultur und das emotionale Selbstbild zuständig, Tan France für Mode und Kleidungsstil, Antoni Porowski für Essen und Wein, Bobby Berk für Design und Einrichtung und Jonathan Van Ness für Körperpflege. In jeder Folge besuchen sie einen ihrer *heroes*, um innerhalb einer Woche deren Leben in Schwung zu bringen. Ähnlich wie die Fitnessheld*innen müssen sich die *heroes* anspornen und an sich arbeiten. Sie erhalten eine neue Garderobe, einen neuen Haarschnitt und eine neue Einrichtung, zudem lernen sie meist ein Gericht, das als soziale Probe selbstständig zubereitet und serviert wird. Die Probe, auf die jede

Folge dramaturgisch hinarbeitet, besteht darin, dem Umfeld in Form einer Essenseinladung an die Familie, einer Geschäfts- oder Gemeinschaftsfeier das neue Selbst zu präsentieren. Die Sendung rühmt sich, »more than a makeover« zu sein, weil es ihr nicht bloß um kosmetische Veränderung geht, wie bei den meisten Makeover-Shows, sondern darum, ein besseres Leben zu führen. Jonathan und Tan, beide für Styling zuständig, beteuern beständig, es gehe ihnen ganz und gar nicht darum, den Held*innen einen neuen Look aufzudrängen, sondern eine bessere Version ihres Selbst hervorzubringen. Schönheitspflege wird als Akt der Selbstliebe begriffen. Somit berechnet sich Begehrenswert anhand von Selbstliebe: Obwohl diese von innen kommen muss, wie die Fab Five nicht müde werden zu betonen, spielt das Äußere entscheidend hinein. »Wenn du am Äußeren arbeitest, fühlst du dich oft auch innerlich besser.« Denn wer sich pflegt, so die Rechnung, fühlt sich besser, er sorgt für sich und in dieser Wendung wirkt sich das Äußere auf das Innere aus. Und, so Jonathan, je besser wir uns mit uns fühlen, desto attraktiver werden wir für andere. Es bedarf der affektiven, ästhetischen Arbeit, die mit der äußerlichen Styling-Selbstsorge zusammenhängt, denn genau diese gilt den Fab Five als Ausdruck für Selbstliebe. Wer sich stylt, geht der Selbstsorge nach und steigert so die Selbstliebe, dies drückt sich wiederum äußerlich aus, in selbstbewusster Ausstrahlung. So ließe sich die Berechnungsformel des Begehrenswerts von *Queer Eye* bilanzieren. Die Semantik von Selbstliebe, Selbstsorge und Selbstwert wird als soziale Sichtbarkeit gerahmt: Wie man sich um sich selbst sorgt, ist, wie die Welt einen sieht, so ein Ausspruch Jonathans. Hier findet eine direkte Übersetzung von Selbstliebe in Sichtbarkeit und Anerkennung statt. Selbstwert wird zu Begehrenswert. *Queer Eye* ist nicht so kompetitiv angelegt wie Sendungen wie *Germanys Next Top Model*. Und doch setzen sich Wettbewerbsmuster in *Queer Eye* fort, wenn auch weitaus subtiler. Das Bestreben der Held*innen, eine bessere Version ihrer selbst herauszubilden, geht mit Distinktionspraktiken einher, die ihr altes Ich abwerten. Der neue Lifestyle wird als Gestaltungsmöglichkeit angepriesen, die vorherige Lebensweise als mangelhaft abqualifiziert, beispielsweise bezüglich der Einrichtung des Zuhauses, das von den Fab Five sorgsam inspiziert wird. Sie übergehen beflissentlich, dass ramponierte Möbel weniger ein Symptom mangelnder Selbstliebe, sondern fehlender finanzieller Mittel sind. Zwar weisen sie darauf hin, wenn Held*innen prekär leben. Doch auch das bleibt eingebettet in Narrative des individuellen Siegens oder Scheiterns. In solch einem Fall achten die Fab Five durchaus darauf, dass ihre Vorschläge preisgünstig bleiben, doch sie lassen die langfristige strukturelle Dimension außer Acht. So bietet Antoni ein preiswertes Rezept zum Einüben an – trotzdem wird ausgeblendet, dass regelmäßige gesunde Ernährung erheblich teurer und für viele der Teilnehmer*innen unerschwinglich ist: als sei Ernährung keine Frage des finanziellen Einkommens, sondern der inneren Einstellung. Habituelles Unbehagen wird als Mangel an Selbstliebe banalisiert. Zum Beispiel begibt sich Antoni mit einer Kandidatin in ein Restaurant, sie fühlt sich unwohl, weil sie schickere, »fancy« Läden nicht gewohnt sei. Er erwidert, sie solle teurere Läden wie diesen als »special«, als besonders, begreifen. Der teure Restaurantbesuch als Akt der Selbstliebe. Wer es sich nicht leisten kann, liebt sich nicht, lautet die unterschwellige Botschaft. Trotzdem wird Verarmung nicht vollends verschwiegen, in drastischen Fällen wendet sich Bobby an die Teilnehmer*innen und erzählt seine Geschichte, wie er, von den Adoptiveltern nach seinem Coming-out vor die Tür gesetzt, in seinem Auto schlafen und sich durchschlagen musste, bis ihm kraft Selbstliebe und Freundschaft der Weg zum erfolgreichen Möbeldesigner offenstand. Unschwer erkennt man eine weitere Version des altbekannten Aufstiegsmythos vom Tellerwäscher zum Millionär. Strukturelle Ungleichheit wird eingefasst in das Narrativ, der Glaube an sich selbst ziehe Erfolg nach sich.

Man sollte nicht unterschätzen, wie wichtig und wirksam queere Vorbilder wie die Fab Five sind. Etwa, wenn sie jungen queeren Menschen, die von ihren Eltern verstoßen wurden, behutsam und auf eigene Erfahrung zurückgreifend nahelegen, Nähe und Unterstützung in gewählten Familien zu suchen, die aus Freundschaften und Partnerschaften wachsen. Grundlegend betonen die fünf die Beziehungen der Held*innen. Diese verändern sich für ihr eigenes Wohlergehen, sie verwandeln sich aber ebenso für ihre Familie, ihre Freund*innen und Partner*innen. In einer Folge besuchen die Fab Five eine Predigerin in einer Schwarzen Gemeinschaft. Sie helfen ihr, das Gemeindezentrum zu eröffnen und ihren Sohn, der sich seit seinem Coming-out dort unwohl fühlt, wieder in der Gemeinde willkommen zu heißen. Hierbei arbeiten manche der Fab Five ihrerseits schwierige Lebenserfahrungen mit christlicher Homofeindlichkeit auf. Zum Ende sagt die Predigerin, was sie diese Woche gemacht hätten, sei, Beziehungen aufzubauen, genau darum ginge es. Ein Satz, so simpel, so wahr. Es ist bestechend an *Queer Eye*, Beziehungsarbeit in die Aufmerksamkeit zu rücken. Wenn man die Erscheinungsformen der affektiven, ästhetischen und sexuellen Arbeit anschaut, angefangen bei den Fab Five selbst, zeigt sich hier ein enormer Aufwand. Die Fab Five sind überschäumend, begeistert, ermutigend, mitfühlend. Die Spanne an affektiven Ausdrücken ist breit gefächert. Durch ihre affektive Arbeit bringen sie die Held*innen in deren eigene emotionale Aufarbeitung. Indem sie ihre Erfahrungen teilen, fordern sie die Held*innen auf, es ihnen gleichzutun. Es ist, so ihre zentralste Aufforderung, am wichtigsten, verwundbar und gleichzeitig stark zu sein, denn »sich verwundbar zu zeigen, ist deine größte Stärke«. In diesem individualistischen Verständnis von Verwundbarkeit wird Verwundbarsein als Synonym für Offenheit verwendet. Es gilt, über die Gefühle und Unsicherheiten zu sprechen, pastoralmächtig angeleitet von den Fab Five. Ebenso wichtig ist es, sich über den eigenen Selbstwert bewusst zu sein, sich wertzuschätzen, daraus soll Stärke geschöpft werden. Dennoch bleibt der Begehrenswert als Berechnungsformel der Beziehungsweisen bestehen, wenn auch in dem durchaus sympathischen Aufruf der Fab Five zu mehr Selbstsorge. Selbstwert soll durch Selbstsorgepraktiken entstehen, durch eine besonnen zubereitete, gesunde Mahlzeit oder das morgendliche Kosmetikritual. In diesem von den Fab Five vertretenen Verständnis wird Selbstwert performativ produziert: An dieser Stelle behält die Sendung ihren individualisierenden Einschlag. So sehr Menschen in ihren Beziehungen eingebettet werden, die Recheneinheit bleibt das Individuum, das aus sich selbst Wert schöpft. Die

Erzählungen der eigenen Person erfolgen entlang von performativen Authentizitätsvorstellungen, als ganz und gar gestaltbar, sie werden zu Designprodukten: »Du verdienst es, es ist dein Leben, designe es gut.« Auch hier verfährt Individualitätsgestaltung durch Abgrenzung mittels Alleinstellungsmerkmalen. Gerade bei *Queer Eye* zeigt sich die Übersetzung von emanzipativen Identitätspolitiken hin zu entrepreneurialen Individualitätsperformanzen in all ihrer Ambivalenz. Jess Guilbeaux, eine prekär lebende Kandidatin, erzählt, wie sie sich weder in der Schwarzen Community noch anderswo zugehörig fühlt. Die Fab Five üben mit ihr mantramäßig Selbstbewusstsein ein, indem sie ihre Identität qua Differenz schlagwortartig definieren und affektiv affirmieren. Sie soll laut wiederholen, wer sie sei: eine starke Schwarze lesbische Frau. So wichtig solche Sichtbarkeiten im Kulturellen sind, so bemerkenswert und bedenklich bleibt es, wie Identitätspolitiken individualistisch eingefasst und ihres emanzipativen Einsatzes beraubt werden. Obwohl sie Jess' Armuts- und Ausgrenzungserfahrungen thematisieren, liegt der Fokus der Fab Five auf individuellem Willen, Selbstliebe, Selbstvertrauen und authentischem Ausdruck. Sie werden als Möglichkeit angeboten, strukturelle Ungleichheit zu überwinden – mit Selbstliebe zum Erfolg. Differenz soll affirmativ als Alleinstellungsmerkmal eingesetzt werden. Darin entfaltet sich ein Narrativ, das besagt, Diskriminierungserfahrung mache stärker, während Differenz als wertvolle Ressource einsetzbar sei. Gleichsam wird Differenz als Verbundenheit gerahmt, als Ähnlichsein im Anderssein, »similar in being different«. Dieser Gedanke steht im breiteren Kontext eines demokratischen Diversitätsverständnisses. Im Vorspann treten die Fab Five verkleidet als Pioniere auf und geben eine fröhliche Fassung des US-amerikanischen Gründungsmythos wieder.[275] Diese auf Diversität angelegte Neufassung soll die auf Kolonialismus gründende, bis in die Gegenwart fortwirkende, rassistische Gewaltgeschichte umschreiben. Man kann hier, in anderer Form als bei *Germanys Next Top Model*, eine auf Diversität angelegte Botschaft der Chancengleichheit sehen. So politisch sich die Sendung präsentiert – und in vielen Aspekten auch ist –, so sehr banalisiert sie die strukturelle Dimension von Diskriminierung.

Die Fab Five sind selbst erfolgreiche Entrepreneure, beispielsweise beteuert Tan häufig, wie sehr er mit Herz und Seele Unternehmer sei. Sie bewerben ihre Unternehmen mit sich als Marke. In ähnlicher Weise werden Held*innen aufgefordert, ihre Persönlichkeit markengleich zu konturieren: Die authentische Story als Erfolgsrezept für das Unternehmen. Bei einigen Sendungen liegt der Auftrag der Fab Five darin, das Unternehmen der Held*innen zu sanieren. Beispielsweise ermöglichen sie dem Barbecue-Unternehmen der Schwestern ›Shorty‹ und ›Little‹ Jones, dass deren Barbecuesauce in Flaschen abgefüllt und als Einzelprodukt verkaufbar wird. Außerdem gestalten sie Design und Story des Unternehmens. Dessen Begehrenswert besteht, wie die Fab Five bilanzieren, in der Authentizität der Produktgeschichte, denn die Barbecuesauce ist einem Geheimrezept ihrer Familie geschuldet. Dieses Storytelling der Familiengeschichte findet sich zusammengefasst auf dem Etikett der Flaschen. Wo die Fab Five eintreffen, ist Erfolg nicht fern – das Geschäft der Jones-Schwestern soll hervorragend laufen. Das Marketing geht über die Sendung hinaus, mithilfe von Verlinkungen auf Instagram. Es umfasst Unternehmen wie das der Jones-Schwestern ebenso wie Held*innen als Einzelpersonen. Zum Beispiel präsentiert sich Jess Guilbeaux inzwischen auf Instagram als öffentliche Person, Model und Aktivistin und Influencerin mit bezahlten Werbebeiträgen. *Queer Eye* ermöglicht, sich wirksam zu vermarkten. Der akkumulierte Begehrenswert, gesichert durch die Aufmerksamkeit der Sendung, übersetzt sich in monetären Wert.

Dieses Leistungsdenken, eingefasst in Semantiken von Selbstwert und Selbstliebe, ist allgegenwärtig, ob bei *Germanys Next Top Model* oder *Queer Eye*, in Dating-Shows oder Ratgeberliteratur. Menschen bemessen einander in Wert. Dieses Einteilungsraster überführt Begehren in eine Wertordnung der Leistungsträger*innen, wie sie neoliberale Narrative befördern. Ein pointiertes Beispiel bietet ein Kandidat der Dating-Show *Prince Charming*. Bei einer Podiumsdiskussion erzählt er, wie er sich selbst zu lieben lernte. Er habe erkannt, dass er etwas leiste und wertvoll für seine Freund*innen und die Gesellschaft sei. Die Idee, wert sei nur, wer etwas leiste, lässt sich in einem großen Bogen mit der Leistungsethik des Frühkapitalismus verbinden. Solange sich Menschen anhand von Leistung Wert beimessen, erscheint Scheitern selbst verschuldet. So schreibt sich strukturelle Ungleichheit fort, verschleiert von den sanften Semantiken von Selbstwert und Selbstliebe.

Schlussbemerkungen

In der krisengeschüttelten Gegenwart gelten die einstigen Konsumversprechen auch für die Mittelschichten nicht mehr. Wer nicht zu den reichsten zehn Prozent gehört, kann sich der eigenen Situation, so scheint es zumindest, nicht mehr sicher sein. Zumal in Zeiten der Klimakatastrophe der westliche Wachstumsweg und damit das Mehr und Mehr des Konsums seine zerstörerischen Ausmaße zeigen, und zwar auch all denen, die diese bislang wohlstandsbehütet ausblenden konnten. Nach der Pandemie, mitten in den Mehrfachkrisen, wirkt es daher so, als würde sich eine gewisse Konsummüdigkeit breitmachen, zumindest eine Ernüchterung angesichts des alten Versprechens, durch Konsum ein gutes Leben zu haben. Indessen bleibt der Zauber der Authentizität bestehen. Obwohl sich konsumkulturelle Authentizitätsangebote meist liberal und plural präsentieren, setzen sie Menschen in Konkurrenzsituationen. Ausgerichtet bleiben sie an einer alten Leistungsethik, die auf differentieller Ausbeutung, auf Verfügbarmachung und Verwertung aufbaut. In der Ära des autoritativen

Neoliberalismus teilen neoliberale und reaktionäre Denkmuster die Grundzüge der Inwertsetzung von Menschen anhand von Differenz, ob durch wirtschaftliche Leistungsimperative oder soziale Wertordnungen, die auf angeblich natürlicher Differenz beruhen. Die reaktionären Angriffe auf linke ›Wokeness‹ beharren auf alten Vorstellungen der Ungleichheit, etwa einer natürlichen Geschlechterordnung, die Frauen und trans Menschen die Selbstbestimmung absprechen. In solchen Bewegungen offenbart sich das tückische Spiel des Authentischen. Wie gesehen hat der Gedanke der Authentizität geschichtlich stets rechten Identitätspolitiken in die Hände gespielt, die Gegenwart führt uns dies erneut brutal vor Augen. Gerade weil ehemals linke Authentizitäts- und Individualitätsideen in der Konsumkultur so populär sind, gelingt Reaktionären das rhetorische Manöver, diese als hyperkommerzialisiert, falsch und entfremdend zu diffamieren, um so ihre eigenen Identitätspolitiken als wahrlich authentisch und natürlich anzupreisen. Die sich progressiv gebenden Authentizitätsaufrufe fügen sich ihrerseits in die soziale Ordnung der Ungleichheit. So sehr Differenz und Diversität, Identität und Individualität symbolisch aufgewertet werden, schreiben sie doch Bewertungsmuster fort, die Menschen wiederum ungleich machen. Kapitalistische Gesellschaftsverhältnisse zwingen Menschen in solche ökonomischen und identitätspolitischen Konkurrenzlagen und sortieren sie anhand ihres biopolitischen Begehrenswerts. Die Möglichkeit der einen, sich mit Konsumprodukten aufzuwerten, beruht auf der Ausbeutung anderer. Sollte ihre Arbeitskraft nicht mehr verwertbar sein, ist ihr Sterben bereits eingerechnet. Die nekropolitische Kostenkalkulation, die Menschen zu Körpermassen macht, bildet die materielle Bedingung für das wohlstandsbasierte Streben nach Selbstpflege. Doch der Glaube an die natürliche Auslese des Marktes, an gerechtfertigte Gewinner*innen und Verlierer*innen, verdrängt die globale geteilte Abhängigkeit.

Doch die kaskadenartig sich entfaltenden Krisen konfrontieren uns mit dieser Abhängigkeit. Um uns den ökologischen und ökonomischen Krisen der Zukunft zu stellen, bedarf es anderer Wege. Wir müssen heraus aus den Verwertungsordnungen, die Menschen voneinander trennen. Denn im Begehren sind Menschen miteinander verbunden, aufeinander angewiesen in ihrem geteilten Bedürfnis nach Schutz und Fürsorge, nach Anerkennung und danach, gesehen und gehört zu werden. Davon profitiert der Kapitalismus als Körperökonomie. Er arbeitet mit der Verbundenheit der Körper und der sozialen Bezogenheit durch Begehren. Zeitgleich trennt er Menschen, indem er sie in fortwährenden Wettstreit setzt.

Seine Wertordnung schreibt sich als Logik des Begehrenswerts in Körper ein, spielt sie gegeneinander aus und setzt sie unter beständigen Stress. Obwohl individueller Ausdruck konsumkulturell aufgewertet wird, bleiben die bereitgestellten Äußerungsmöglichkeiten kompetitiv ausgerichtet. Sie sind in ökonomische Raster der sozialen Bewertbarkeit eingefasst, die den Entfaltungsraum der Einzelnen von vornherein beschränken. Doch wie menschliche Beziehungen nie gänzlich im Rechenkalkül des Kapitals aufgehen, läuft Begehren jeglicher Ordnung voraus und widerstrebt ihren Einteilungen und Wertsetzungen. Über Begehren sind wir immer schon verbunden. Deshalb liegt der Schlüssel für neue Wege eben gerade im Begehren, verstanden als allumfassende Verbundenheit, die wir als verkörperte, verwundbare Wesen miteinander teilen. Dieses Wissen um geteilte Verbundenheit ist keine reine Haltungsfrage, sondern eine Frage der praktischen Solidarität. Die gegenwärtige Wirtschafts- und Gesellschaftsordnung schreibt sich eine Freiheit auf die Fahnen, die vor allem unternehmerische Freiheit bedeutet. Zu suchen sind dagegen Ermöglichungsräume der sozialen Freiheit, gelebten Gleichheit und solidarischen Sorge. Angesichts dessen ist die politische Ökonomie des Begehrens, wie sie hier skizziert wurde, keineswegs allumfassend. Es gibt mannigfaltige Alternativen, die Kooperation anstelle von Konkurrenz in den Vordergrund stellen, andere Beziehungsweisen, die sich dem Wettstreit um Begehrenswert widersetzen. Gemeinwohlökonomien und Vergesellschaftungsinitiativen, die den gemeinschaftlichen Gebrauch anstelle von Privateigentum ins Zentrum stellen – womit wohlgemerkt nicht das Teilen der Zahnbürste gemeint ist, sondern die Kommunalisierung basaler Lebensbereiche wie Wohnen, Bildung oder Gesundheitsversorgung.[276] Sorgeökonomien, die um das gute Leben für alle statt um Profit von Unternehmen kreisen und neue Beziehungsweisen einüben. Ein tagtägliches Verlernen vom kapitalistischen Körperwissen, das uns unter Distinktionsstress setzt. Ein Erlernen von Umgangsweisen, die sich nicht an Wert und Leistung bemessen. Hier können sich affektive Gegenhabitualisierungen ereignen, die das verkörperte Wissen um geteilte Verwundbarkeit und Verbundenheit umtreibt. In solchen Vergesellschaftungsformen kann Entfaltungsspielraum für Einzelne entstehen, fernab von Wettstreit und Leistungsdruck, in Form sozialer Freiheit und gelebter Gleichheit.

Für solche Ökonomien der Sorge und Solidarität bedarf es der Bewegungen. Die Sachherrschaft des Kapitals erfolgt auch darüber, Menschen qua Identität voneinander zu trennen und gegeneinander auszuspielen. Deshalb sind linke Politiken wie feministische und anti-rassistische Bewegungen so wegweisend in den transversalen Verbindungslinien, die sie ziehen, und den egalitären und anti-kapitalistischen Kämpfen, die sie führen. Bei allen Unterschieden ist das, was Menschen miteinander teilen, das Leiden, das Leben im Kapitalismus erzeugt. Was uns aneinander bindet, ist das Begehren nach anderen Beziehungsweisen.

Danksagung

Die Idee von Begehrenswert als neuer Wertkategorie begleitet mich schon eine ganze Weile, ihren Anfang nahm sie, während ich an meiner Dissertation zum Verhältnis von Begehren und Ökonomie gearbeitet habe. Nachdem ich *Politische Körper. Von Sorge und Solidarität* geschrieben hatte, konnte ich den Gedankenfaden erneut aufgreifen und mich dem Manuskript mit frischem Blick zuwenden. Nach diesem mäandernden Weg, den das Manuskript genommen hat, ist es umso schöner, dass es nun endlich eine Form findet – dank Matthes & Seitz und Morten Paul, der dieses Buch mit dem ihm eigenen Feingefühl und Scharfsinn lektoriert hat.

Schreiben ist stets eine kollektive Praxis. So sind auf diesem Weg frühere Fassungen und erste Gedankenskizzen durch einige Hände gegangen – mein Dank für all die aufmerksamen Lektüren und Anregungen gilt Elisa Barth, Andreas Gehrlach, Marie Springborn, Anne Eusterschulte, Dagmar Herzog, Bini Adamczak, Sarah Speck, Antek Engel und Eva von Redecker. Ebenso bedanke ich mich für die geteilten Gespräche, die zu dem

Buch beigetragen haben, bei Teresa de Lauretis, Philipp Sarasin, Christine Loetscher, Paula-Irene Villa Braslavsky, Katja Diefenbach, Esther Schelander, Çiğdem Inan, Philipp Wüschner, Felix Gerloff, Caio Yurgel, Zairong Xiang, Ana Daase, Leo Bersani, den ich noch zu seinen Lebzeiten kennenlernen durfte, Catherine Newmark, To Doan, Anna Fiehn, Verónica Gago, Luci Cavallero, Hilge Landweer, Susanne Lettow, Reyhan Şahin, Susanne Kaiser und vielen anderen. Außerdem danke ich, weit über dieses Buch hinaus, meiner Familie und meinen Weggefährt*innen, die mich immer wieder aufs Neue beflügeln.

Anmerkungen

Vorwort

1 Vgl. Martin Altmeyer, *Auf der Suche nach Resonanz. Wie sich das Seelenleben in der digitalen Moderne verändert*, Göttingen 2016, S. 132.

2 Vgl. Judith Butler, *Subjects of Desire. Hegelian Reflections in Twentieth-Century France*, New York 2012, S. 39.

3 Andreas Reckwitz, *Die Gesellschaft der Singularitäten. Zum Strukturwandel der Moderne*, Berlin 2018, S. 107.

4 Friedrich Nietzsche, *Die Genealogie der Moral. Eine Streitschrift*, in: ders., *Kritische Gesamtausgabe VI. Abteilung*, 2. Bd., hg. v. Giorgio Colli u. Montinari Mazzino, Berlin/New York, S. 46–413.

5 Gilles Deleuze, Félix Guattari, *Anti-Ödipus. Kapitalismus und Schizophrenie I*, Frankfurt/M. 1974.

1. Wert

6 Pierre Klossowski, *Die lebende Münze*, Berlin 1998, S. 68. Vgl. Rosa Eidelpes, »Lebendes Geld. Pierre Klossowskis anthropomorphe Ökonomie«, in: *ilinx. Berliner Beiträge zur Kulturwissenschaft* 3 (2013), S. 100–106, hier S. 100.

7 Klossowski, *Die lebende Münze*, S. 67 f.

8 Ebd., S. 812.

9 Georg Simmel, *Philosophie des Geldes*, in: ders., *Gesamtausgabe*, Bd. 6., Frankfurt/M. 1989, S. 34 f.

10 Karl Marx, *Das Kapital I*, in: ders., *Marx-Engels-Werke*, Bd. 23, Berlin 1962, S. 458.

11 Moishe Postone, *Zeit, Arbeit und gesellschaftliche Arbeit. Eine neue Interpretation der kritischen Theorie von Marx*, Freiburg 2003, S. 44.

12 Marx, *Kapital*, S. 62.

13 Ebd., S. 86.

14 Postone, *Zeit, Arbeit und gesellschaftliche Arbeit*, S. 229.

15 Marx, *Kapital*, S. 86.

16 Ebd.

17 Susan Buck-Morss, *Hegel und Haiti. Für eine neue Universalgeschichte*, Berlin 2018, S. 40.

18 Achille Mbembe, *Kritik der schwarzen Vernunft*, Berlin 2017, S. 45.

19 Vgl. Silvia Federici, *Aufstand aus der Küche – Reproduktionsarbeit im globalen Kapitalismus und die unvollendete feministische Revolution*, Münster 2012.

20 Verónica Gago, *Für eine feministische Internationale. Wie wir alles verändern*, Münster 2021, S. 22.

21 Bini Adamczak, *Beziehungsweise Revolution. 1917, 1968 und kommende*, Frankfurt/M. 2017, S. 241.

22 Marx, *Kapital*, S. 566.

23 Adamczak, *Beziehungsweise Revolution*, S. 230.

24 Ebd.

25 Ebd.

26 Ebd., S. 249.

27 Zum Begriff des Soziosomatischen vgl. Jule Govrin, *Begehren und Ökonomie. Eine sozialwissenschaftliche Studie*, Berlin 2020, S. 142 f.

28 Bini Adamczak, »Theorie der polysexuellen Oekonomie (Grundrisse)«, in: *diskus – Frankfurter Student_Innen Zeitschrift* 1 (2006), {http://copyriot.com/diskus/06-1/theorie_der_polysexuellen_oekonomie.htm}, letzter Zugriff 05.02.2010.

29 Ebd.

30 Ebd.

31 Vgl. Nikita Dhawan, Antke Engel, Jule Govrin, Christoph Holzhey, Volker Woltersdorff, »Introduction«, in: Nikita Dhawan, Antke Engel, Christoph Holzhey, Volker Woltersdorff (Hg.), *Global Justice and Desire. Queering Economy*, London/New York 2015, S. 1–29.

32 Deleuze, Guattari, *Anti-Ödipus*. Ihr Ansatz entsteht innerhalb einer Philosophie des Begehrens und steht in der Nähe zu Jean-François Lyotards 1974 veröffentlichtem Buch Libidinöse Ökonomie. Jean-François Lyotard, *Libidinöse Ökonomie*, Zürich 2007. Zur Theoriegeschichte vgl. Julien Bourg, *From Revolution to Ethics. May 1968 and Contemporary French Thought*, Montreal 2007; Vincent Descombes, *Das Selbst und der Andere. Fünfundvierzig Jahre Philosophie in Frankreich 1933–1978*, Frankfurt/M. 1981.

33 Deleuze, Guattari, *Anti-Ödipus*, S. 45.

34 Ebd., S. 446.

35 Ebd., S. 377.

36 Ein Gegenwartsbeispiel bot 2008 die »Bankenrettung« in der Finanzkrise: Die ungezügelte, deterritorialisierte Finanzwirtschaft kam ins Schleudern, woraufhin sie durch staatliche Interventionen reterritorialisiert wurde. Vgl. Maurizio Lazzarato, *Die Fabrik des verschuldeten Menschen. Essay über das neoliberale Leben*, Berlin 2012; Adam Tooze, *Crashed. Wie die Finanzkrise die Welt verändert hat*, München 2018.

37 Deleuze, Guattari, *Anti-Ödipus*, S. 45.

38 Die Wertphilosophie, auch Axiologie, bezeichnet die allgemeine Lehre von den Werten, die sich ab dem 19. Jahrhundert mit Vertretern wie Max Scheeler und Hermann Lotze herausbildet. Vgl. Urs Andreas Sommer, *Werte. Warum man sie braucht, obwohl es sie nicht gibt*, Stuttgart 2016, S. 32–40.

39 Vgl. Immanuel Kant, *Grundlegung zur Metaphysik der Sitten*, Hamburg 1999.

40 Zu moralphilosophischen Marktdebatten vgl. Lisa Herzog, Axel Honneth, »Versuche einer moralischen Einhegung des Marktes vom 19. Jahrhundert bis zur Gegenwart«, in: dies. (Hg.), *Der Wert des Marktes. Ein ökonomisch-philosophischer Diskurs vom 18. Jahrhundert bis zur Gegenwart*, Berlin 2014, S. 357–382.

41 Nietzsche, *Die Genealogie der Moral*, S. 257–263.

42 Ebd., S. 299.

43 Ebd., S. 297.

44 Ebd., S. 305 f.

45 Nietzsche, *Genealogie der Moral*, S. 261.

46 Gilles Deleuze, *Nietzsche und die Philosophie*, München 1976, S. 8.

47 Vgl. Thomas Lange, *Ordnung des Begehrens*, Bielefeld 1989, S. 22.

48 Friederike Habermann, *Der homo oeconomicus und das Andere*, Baden-Baden 2008, S. 212.

49 Imke Schmincke, *Körpersoziologie*, Paderborn 2021, S. 70.

50 Philipp Sarasin, *Reizbare Maschinen. Eine Geschichte des Körpers 1765–1914*, Berlin 2001, S. 205–207.

51 Zum Analysekonzept der differentiellen Ausbeutung vgl. Jule Govrin, *Politische Körper. Von Sorge und Solidarität*, Berlin 2022, S. 139–143.

52 Zum Konzept der Nekropolitik vgl. Achille Mbembe, »Necropolitics«, in: *Public Culture* 15/1 (2003), S. 11–40.

53 Zur Externalisierungsgesellschaft vgl. Stephan Lessenich, *Neben uns die Sintflut. Die Externalisierungsgesellschaft und ihr Preis*, Berlin 2016.

54 Vgl. Luci Cavallero, Verónica Gago, *A Feminist Reading of Debt*, London 2021, S. 3–5; Jule Govrin, »Die Gesellschaft war immer schon gespalten. Für eine kritische Analyse differentieller Ausbeutung«, in: *IfS Working Paper* (2022), S. 21–31.

55 Norbert Elias, *Über den Prozeß der Zivilisation. Soziogenetische und psychogenetische Untersuchungen*, Bd. 2, Frankfurt/M. 1997, S. 382

56 Pierre Bourdieu, *Die feinen Unterschiede. Kritik der gesellschaftlichen Urteilskraft*, Frankfurt/M. 1987, S. 104 f.

57 Pierre Bourdieu, *Meditationen. Zur Kritik der scholastischen Vernunft*, Frankfurt/M. 2001, S. 177–182.

58 Für eine ausführliche Studie zum Homo oeconomicus vgl. Habermann, *Der homo oeconomicus und das Andere.*

59 Thorstein Veblen, *Theorie der feinen Leute. Eine ökonomische Untersuchung der Institutionen*, Köln 1958.

60 Werner Sombart, *Liebe, Luxus und Kapitalismus. Über die Entstehung der modernen Welt aus dem Geist der Verschwendung*, Berlin 1992.

61 Georges Bataille, *Die Aufhebung der Ökonomie. Das theoretische Werk I*, München 1975.

62 Gernot Böhme, *Ästhetischer Kapitalismus*, Berlin 2016, S. 8 f.

63 Jean Baudrillard, *Die Konsumgesellschaft. Ihre Mythen, ihre Strukturen*, Wiesbaden 2015, S. 112.

64 Ebd.

65 Böhme, *Ästhetischer Kapitalismus*, S. 26 f.

66 Neben Bataille ist die Ökonomietheorie von Joseph Schumpeter anzuführen, in der er den Wirtschaftsprozess als Zyklus von Kreation und Zerstörung beschreibt. Joseph Schumpeter, *Kapitalismus, Sozialismus und Demokratie,* Stuttgart 1993, S. 134–143.

67 Verwiesen sei auch auf die Studie von Gabriel Tarde, die Begehren als Antriebskraft der sozialen Reproduktion ausmacht. Gabriel Tarde, *Die Gesetze der Nachahmung*, Frankfurt/M. 2009.

68 Bataille, *Die Aufhebung der Ökonomie*, S. 12.

69 Max Weber, *Die protestantische Ethik und der Geist des Kapitalismus*, Erftstadt 2005.

70 Vgl. Peter Garber, *Famous First Bubbles. The Fundamentals of Early Manias*, Cambridge, London 2000.

71 Ein weiteres Beispiel bietet das adrenalinberauschte Spiel der Börsenspekulation im 19. Jahrhundert. Die »frühen Finanzmärkte« erscheinen weniger »als Orte rationaler Gesetze und autonomer Akteure« und mehr als »als Orte wilden Begehrens und unvorhersehbarer Kontingenz«. Urs Stäheli, *Spektakuläre Spekulation. Das Populäre der Ökonomie*, Frankfurt/M. 2007, S. 272.

72 Joseph Vogl, *Das Gespenst des Kapitals*, Zürich 2012, S. 33–36, 43 f.

73 {zeit.de/2003/41/M-Oppenheimer/komplettansicht}, letzter Zugriff 15.05.2023.

74 Ashley Mears, *Very Important People. Status and Beauty in the Global Party Circuit*, Princeton 2020, S. 125–128.

75 IKEA hat das Angebot inzwischen eingestellt.

76 Hier tritt die koloniale Dimension des Tourismus hinzu: In diesem kulinarischen Abenteuer verleibt man sich das exotische andere sprichwörtlich ein – ein symbolischer Machtakt, den bell hooks als kulturellen Kannibalismus bezeichnet.

77 Vgl. bell hooks, *Black Looks. Popkultur – Medien – Rassismus*, Berlin 1994, S. 33, sowie Yaara Berger Alaluf, »›Alles inklusive – nur kein Stress‹. Zur Produktion von Erholung in Club-Med-Seaside-Ressorts«, in: Eva Illouz (Hg.), *Wa(h)re Gefühle? Authentizität im Konsumkapitalismus*, Berlin 2017, S. 51–81, hier: S. 51 f.

78 Ebd., S. 51.

79 Ebd., S. 51–59.

80 Ebd., S. 56.

81 Ebd., S. 57.

82 Charles Taylor, *Ein säkulares Zeitalter*, Frankfurt/M. 2009, S. 788 ff.

83 Vgl. Berger Alaluf, »›Alles inklusive – nur kein Stress‹«, S. 61 f.

84 Vgl. ebd., S. 53 f.

85 Ebd., S. 58.

86 Luise Stoltenberg, »Privatheit und Authentizität im Home-Sharing-Tourismus«, in: Patrik Ettinger, Mark Eisenegger, Marlis Prinzing, Roger Blum (Hg.), *Intimisierung des Öffentlichen. Zur multiplen Privatisierung des Öffentlichen in der digitalen Ära*, Wiesbaden 2019, S. 97–119, hier: S. 98.

87 Ebd., S. 110 f.

88 Ebd., S. 104.

89 Ebd., S. 112.

90 Vgl. Naomi Klein, *No Logo. Der Kampf der Global Players um Marktmacht*, Frankfurt/M. 2015, S. 35 ff.

91 Vgl. Laure Vincent, *Legendary brands. Unleashing the power of storytelling to create a winning marketing strategy*, Chicago 2002, S. 4.

92 {focus.de/finanzen/experten/becker/das-kult-image-broeckelt-wie-aus-treuen-apple-juengern-gefangene-wurden_id_3074226.html}, letzter Aufruf 15.05.2023.

93 Vincent, *Legendary brands*, S. 44–51.

94 In ähnlicher Weise beschreibt Walter Benjamin 1935, wie sich die Aura des Kunstwerks auf-

grund seiner Reproduzierbarkeit gewandelt hat. Die sakrale Aufladung von Objekten, die einst in rituellen Praktiken entstand, äußerte sich in der Aura von religiösen Objekten und später von Kunstwerken. Doch in Zeiten der technischen Reproduzierbarkeit ging diese Aura verlustig, weil Kunstwerke von physischer Präsenz losgelöst wurden. In Form von Fotografien können Bildern wandern, sie müssen nicht mehr als einmalige Gemälde im Museum bewundert werden. Benjamin beschriebt hier die Auflösung von Gebraucht- und Tauschwert, und dies trifft ebenfalls auf die Ware zu. Walter Benjamin, »Das Kunstwerk im Zeitalter seiner technischen Reproduzierbarkeit«, in: ders., *Gesammelte Schriften*, Bd. 8, herausgegeben von Rolf Tiedemann und Hermann Schweppenhäuser, Frankfurt/M. 1989, S. 350–385.

95 Reckwitz, *Die Gesellschaft der Singularitäten*, S. 113.

96 Ebd.

97 Ebd., S. 12.

98 Ebd.

99 Der Toyotismus bezeichnet das Produktionssystem des japanischen Autoherstellers Toyota, der ab den 1940er-Jahren entwickelt wurde und darauf abzielt, möglichst wenig Ressourcen zu verschwenden, möglichst flexibel auf die Nachfrage reagieren zu können und daher die Produktionswege zu verschlanken, weshalb man von Lean Production spricht.

100 Reckwitz, *Die Gesellschaft der Singularitäten*, S. 9.

101 Vgl. Cornelia Koppetsch, *Die Wiederkehr der Konformität. Streifzüge durch die gefährdete Mitte*, Bonn 2015, S. 56.

102 Thomas Piketty, *Das Kapital im 21. Jahrhundert*, München 2020, S. 313 –328.

103 Vgl. Koppetsch, *Die Wiederkehr der Konformität.*

104 Zum Resilienzbegriff in neoliberalen Diskursen vgl. Stefanie Graefe, »#Resilienz. Leitkonzept in der Vielfachkrise?«, in: *Geschichte der Gegenwart* (2022), {geschichtedergegenwart.ch/resilienz-leitkonzept-in-der-vielfachkrise/}, letzter Aufruf 15.05.2023.

2. Begehren

105 Jürgen Martschukat, *Das Zeitalter der Fitness. Wie der Körper zum Zeichen für Erfolg und Leistung wurde*, Frankfurt/M. 2019, S. 128.

106 Volkmar Sigusch, *Sexualitäten. Eine kritische Theorie in 99 Fragmenten*, Frankfurt/M. 2013, S. 506.

107 Paul B. Preciado, *Testo Junkie. Sex, Drogen und Biopolitik in der Ära der Pharmapornographie*, Berlin 2016, S. 38.

108 Volkmar Sigusch, »Kritische Sexualwissenschaft und die Große Erzählung vom Wandel«, in: Gunter Schmidt, Bernhard Strauß (Hg.), *Sexualität und Spätmoderne. Über den kulturellen Wandel der Sexualität*, Gießen 2002, S. 11–29, hier: S. 21.

109 Michel Foucault, *Sexualität und Wahrheit I: Der Wille zum Wissen*, Frankfurt/M. 1977, S. 26–36.

110 Ebd., S. 38 f.

111 Ebd., S. 98–102.

112 Vgl. Guy Hocquenghem, »Wir können nicht alle im Bett sterben«, in: Heinz-Jürgen Voß (Hg.), *Die Idee der Homosexualität musikalisieren. Zur Aktualität von Guy Hocquenghem*, Gießen 2018, S. 101–110, hier: S. 101 f.; Foucault, *Der Wille zum Wissen*, S. 58–62, 105–108.

113 Zur Kolonialität des Geschlechtersystems vgl. Maria Lugones, »The Coloniality of Gender«, in: *Worlds & Knowledges Otherwise* 2008, S. 1–17.

114 Foucault, *Der Wille zum Wissen*, S. 106.

115 Ebd., S. 30 f.

116 Gundula Ludwig, »Staatstheoretische Perspektiven auf die rassisierende Grammatik des westlichen Sexualitätsdispositivs. Kontinuitäten und Brüche«, in: Barbara Grubner, Veronika Ott (Hg.), *Sexualität und Geschlecht. Feministische Annäherungen an ein unbehagliches Verhältnis*, Sulzbach/Taunus 2014, S. 87–105, hier: S. 92.

117 Marx, *Kapital*, S. 664.

118 Vgl. Rosemary Hennessy, *Profit and Pleasure. Sexual Identities in Late Capitalism*, London/New York 2000, S. 98. Für einen Überblick europäischer Sexualitätsgeschichte im 20. Jahrhundert vgl. Dagmar Herzog, *Sexuality in Europe. A Twentieth-Century History*, Cambridge 2011.

119 Eva Illouz, *Der Konsum der Romantik*, Frankfurt/M. 2007, S. 40.

120 Eva Illouz, »Einleitung – Gefühle als Waren«, in: dies. (Hg.), *Wa(h)re Gefühle. Authentizität im Konsumkapitalismus*, Berlin 2017, S. 13–50, hier: S. 22.

121 Vgl. Dagmar Herzog, »Die ›Sexuelle Revolution‹ in Westeuropa und ihre Ambivalenzen«, in: Peter-Paul Bänziger, Magdalena Beljan, Franz Eder, Paul Eitler (Hg.), *Sexuelle Revolution? Zur Geschichte der Sexualität im deutschsprachigen Raum seit den 1960er Jahren*, Bielefeld 2015, S. 347–369.

122 Vgl. Adamczak, *Beziehungsweise Revolution*, S. 245.

123 Katja Diefenbach, »Togal gegen 1968. 35 Jahre Erfahrung in der Schmerztherapie. Houellebecqs verspäteter Hass auf die Mairevolten«, in: *Texte zur Kunst* 49 (2003), S. 130–137, hier: S. 134.

124 Vgl. Luc Boltanski, Ève Chiapello, *Der neue Geist des Kapitalismus*, Konstanz 2003, S. 40.

125 Zum unternehmerischen Selbst vgl. Ulrich Bröckling, *Das unternehmerische Selbst. Soziologie einer Subjektivierungsform*, Berlin 2007.

126 Sigusch, *Sexualitäten*, S. 226 f.

127 Ebd.

128 Ebd., S. 343 f.

129 Reckwitz, *Gesellschaft der Singularitäten*, S. 107.

130 Sigusch, »Kritische Sexualwissenschaft und die Große Erzählung vom Wandel«, S. 12 f. Allerdings weist Volker Woltersdorff darauf hin, dass neosexuelle Prozesse nicht widerstandslos in neoliberaler Logik aufgehen, etwa queere Netze der Solidarität und Sorge außerhalb klas-

sischer Beziehungsmuster. Volker Woltersdorff aka Lore Logorrhoe, »Dies alles und noch viel mehr! – Paradoxien prekärer Sexualitäten«, in: *Das Argument* 273 (2007), S. 179–194.

131 Antke Engel, *Bilder von Sexualität und Ökonomie. Queere kulturelle Politiken im Neoliberalismus*, Bielefeld 2009.

132 Altmeyer, *Auf der Suche nach Resonanz*, S. 187.

133 Ebd.

134 Pierre Bourdieu, »Ortseffekte«, in: Albrecht Guschel, Volker Kirchberg (Hg.), *Kultur in der Stadt. Stadtsoziologische Analysen zur Kultur*, Wiesbaden 1998, S. 17–27, hier: S. 22–25.

135 Vgl. Didier Eribon, *Rückkehr nach Reims*, Berlin 2016, S. 156–159.

136 Catherine Hakim, *Erotisches Kapital. Das Geheimnis erfolgreicher Menschen*, Frankfurt/M. 2011. Es finden sich jedoch verschiedene Varianten von erotischem Kapital als Analysekategorien, neben dem unten angeführten Otto Penz beispielsweise bei Preciado als »Sex-Kapital« oder bei Eva Illouz und Dana Kaplan als »sexuelles Kapital«. Preciado, *Testo Junkie*, S. 35. Eva Illouz, Dana Kaplan, *Was ist sexuelles Kapital?*, Berlin 2021.

137 Otto Penz, »Die Somatisierung des Sex Appeal«, in: Peter-Paul Bänziger, Magdalena Beljan, Franz Eder, Paul Eitler (Hg.), *Sexuelle Revolution? Zur Geschichte der Sexualität im deutschsprachigen Raum seit den 1960er Jahren*, Bielefeld 2015, S. 285–303, hier: S. 297.

138 Ebd., S. 300.

139 Vgl. Judith Butler, *Gefährdetes Leben. Politische Essays*, Frankfurt/M. 2005, S. 37–41; Govrin, *Politische Körper*, S. 66–76.

140 Teresa de Lauretis, *Freud's Drive. Psychoanalysis, Literature and Film*, New York 2010, S. 60 f.; Jean Laplanche, Jean-Bertrand Pontalis, *Urphantasie. Phantasien über den Ursprung, Ursprünge der Phantasie*, Frankfurt/M. 1992, S. 39; Antke Engel, *Wider die Eindeutigkeit. Sexualität und Geschlecht im Fokus queerer Politik der Repräsentation*, Frankfurt/M. 2002, S. 157.

141 Zur mimetischen Praxis der Pose vgl. Kaja Silverman, »Dem Blickregime begegnen«, in: Christian Kravagna (Hg.), *Privileg Blick. Kritik der visuellen Kultur*, Berlin 1997, S. 41–65.

142 Paula-Irene Villa, »Der Körper als kulturelle Inszenierung und Statussymbol«, in: *Bundeszentrale für politische Bildung* 2007, {bpb.de/apuz/30508/der-koerper-als-kulturelle-inszenierung-und-statussymbol?p=all/}, letzter Aufruf 15.05.2023.

143 Paula-Irene Villa, »Einleitung – Wider die Rede vom Äußerlichen«, in: dies. (Hg.), *schön normal. Manipulationen am Körper als Technologien des Selbst*, Bielefeld 2008, S. 7–21, hier: S. 8.

144 Zum Begriff der emotionalen Arbeit vgl. Arlie Russell Hochschild, *Das gekaufte Herz. Die Kommerzialisierung der Gefühle*, Frankfurt/New York 2006.

145 Zum Begriff der sexuellen Arbeit vgl. Brigitta Kuster, Renate Lorenz, *Sexuell Arbeiten. Eine queere Perspektive auf Arbeit und prekäres Leben*, Berlin 2007.

146 Villa, »Einleitung – Wider die Rede vom Äußerlichen«, S. 11.
147 Martschukat, *Das Zeitalter der Fitness*, S. 146.
148 Ebd., S. 233.
149 Ebd., S. 84.
150 Ebd., S. 163.
151 Ebd., S. 140.
152 Ebd., S. 50.
153 Ebd., S. 49.
154 Ebd., S. 16 f.
155 Mau Steffen, *Das metrische Wir. Über die Quantifizierung des Sozialen*, Berlin 2018, S. 179.
156 Marie-Luise Angerer, *Affektökologie. Intensive Milieus und zufällige Begegnungen*, Lüneburg 2017, S. 43 f.
157 Mau, *Das metrische Wir*, S. 177.
158 Ebd., S. 119.
159 Martschukat, *Das Zeitalter der Fitness*, S. 177 f.
160 Ebd., S. 207, S. 235.
161 Ebd., S. 202.
162 Ebd., S. 220.
163 Ebd., S. 42.
164 Imke Schmincke, »Body Politic – Biopolitik – Körperpolitik. Eine begriffsgeschichtliche Rekonstruktion der Body Politics«, in: *Body Politics* 7, 11 (2019), S. 15–40.
165 Vgl. Schmincke, »Body Politic – Biopolitik – Körperpolitik«; Paula-Irene Villa, »Habe den Mut, Dich Deines Körpers zu bedienen! Thesen zur Körperarbeit in der Gegenwart zwischen Selbstermächtigung und Selbstunterwerfung«, in: dies. (Hg.), *schön normal. Manipulationen*

am Körper als Technologien des Selbst, Bielefeld 2008, S. 245–273.

166 Villa, »Habe den Mut, Dich Deines Körpers zu bedienen!«, S. 250.

167 Vgl. Butler, *Gefährdetes Leben*, S. 37–41.

168 Paula-Irene Villa Braslavsky, Christine Lötscher, Jule Govrin, »Ausweitung der Subjektzone. Ein Gespräch über Selbstgestaltung und Schönheit-Ops«, in: Geschichte der Gegenwart, {geschichtedergegenwart.ch/ausweitung-der-subjektzone-ein-gespraech-ueber-selbstgestaltung-und-schoenheit-ops/}, letzter Aufruf 15.05.2023; Villa, »Habe den Mut, Dich Deines Körpers zu bedienen!«, S. 254.

169 Villa, »Habe den Mut, Dich Deines Körpers zu bedienen!«, S. 254.

170 Vgl. Rosalind Gill, Laura Harvey, »Spicing It Up. Sexual Entrepreneurs and The Sex Inspectors«, in: Rosalind Gill, Christina Scharff (Hg.), *New Femininities. Postfeminism, Neoliberalism and Subjectivity*, New York 2011, S. 52–68.

171 Vgl. Engel, *Bilder von Sexualität und Ökonomie*, S. 25.

172 Krasavices Inszenierung als selbstbestimmte Bitch hat prominente Vorbilder, vor allem Lady Bitch Ray. Mit Lady Bitch Ray hat Reyhan Şahin, Sprachwissenschaftlerin, Sängerin, Schauspielerin, und Autorin, jedoch vor allem eine Kunstfigur geschaffen, die auf intersektionaler Machtkritik, feministischer Theorie und Aktivismus aufbaut. Vgl. Reyhan Şahin, *Yalla, Feminismus!*, Stuttgart 2019.

173 Villa, »Habe den Mut, Dich Deines Körpers zu bedienen!«, S. 252.

174 Katja Krasavice, *Bitch Bibel*, München 2020.

175 Ebd., S. 199 f.

176 In vergleichbarer Weise macht Villa diesen Zug bei Makeover-Shows aus. Villa, »Habe den Mut, Dich Deines Körpers zu bedienen!«, S. 262 ff.

177 Vgl. Krasavice, *Bitch Bibel*, S. 120–126.

178 Ebd., S. 201.

179 Ebd., S. 146.

180 Vgl. Audre Lorde, *Lichtflut: neue Texte*, Berlin 1998.

181 Beate Hausbichler, *Der verkaufte Feminismus. Wie aus einer politischen Bewegung ein profitables Label wurde*, Wien 2021, S. 18.

182 Martschukat, *Das Zeitalter der Fitness*, S. 161.

183 Mears, *Very Important People*, S. 96 f.

184 Ebd., S. 97.

185 Ebd., S. VIII.

186 Ebd., S. 16 f.

187 Ebd., S. 127.

188 Ebd., S. 13 f., S. 239.

189 Gayle Rubin, »The Traffic in Women. Notes on the ›Political Economy‹ of Sex«, in: Rayna Reiter (Hg.), *Toward an Anthropology of Women*, New York 1975, S. 157–211.

190 Mears, *Very Important People*, S. 143 f.

191 Ebd., S. 212–215.

192 Ebd., S. 176–180.

193 Ebd., S. 184 f.

194 Reckwitz, *Gesellschaft der Singularitäten*, S. 107.

195 Vgl. Martin Stempfhuber, Elke Wagner, »Switching Situations. Empirische Beobachtungen zum medialen switching im Web 2.0«, in: Matthias Klemm, Ronald Staples (Hg.), *Leib und Netz. Sozialität zwischen Verkörperung und Virtualisierung*, Wiesbaden 2018, S. 115–129, hier: S. 120 f.; Nicole Elison, Rebecca Heino, Jennifer Gibbs, »Relationshopping: Investigating the market metaphor in online dating«, in: *Journal of Social and Personal Relationships* 27 (2010), S. 427–448.

196 Eva Illouz, *Gefühle in Zeiten des Kapitalismus*, Frankfurt/M. 2007, S. 231; Kai Dröge, Olivier Voirol, »Online dating: The tensions between romantic love and economic rationalization«, in: *Zeitschrift für Familienforschung – Journal of Family Research* 23/3 (2011), S. 337–358, hier: S. 346.

197 Vgl. {theguardian.com/science/2016/aug/04/swipe-right-for-negative-self-perception-says-research-into-tinder-users}, letzter Aufruf 15.05.2023.

198 Vgl. {https://www.businessinsider.com/tinders-desirability-score-controls-who-you-see-2016-1}, letzter Aufruf 10.06.2023.

199 Vgl. Dröge, Voirol, »Online dating«, S. 353.

200 Reckwitz, *Gesellschaft der Singularitäten*, S. 18.

201 Ebd., S. 20.

202 Vgl. Dröge, Voirol, »Online dating«.

203 Reckwitz, *Gesellschaft der Singularitäten*, S. 107.

3. Authentizität

204 Diese Methodenmetapher fußt auf einem Ausspruch Michel Foucaults, dessen genealogisch-diskursanalytische Methodik maßgebend für die vorliegende Analyse ist: »Wie Sie wissen, bin ich wie ein Krebs, ich bewege mich seitwärts«, bekundet er während einer Vorlesung zur Geschichte der Biopolitik. Michel Foucault, *Die Geburt der Biopolitik. Geschichte der Gouvernementalität II*, Frankfurt/M. 2006, S. 116.

205 Augustinus, *Confessiones / Bekenntnisse*, Stuttgart 2009.

206 Vgl. Foucault, *Der Wille zum Wissen*, S. 23, 36.

207 Thomas Noetzel, *Authentizität als politisches Problem. Ein Beitrag zur Theoriegeschichte der Legitimation politischer Ordnung*, Berlin 1998, S. 47.

208 Vgl. Noetzel, *Authentizität als politisches Problem*, S. 42–64.

209 Jean-Jacques Rousseau, *Emile oder Über die Erziehung*, Stuttgart 1963, S. 111.

210 Jean-Jacques Rousseau, *Die Bekenntnisse*, München 2012.

211 Jean-Jacques Rousseau, *Abhandlung über den Ursprung und die Grundlagen der Ungleichheit unter den Menschen*, Stuttgart 2018, S. 107 f.

212 Judith Butler, *Die Macht der Gewaltlosigkeit. Über das Ethische im Politischen*, Berlin 2020, S. 45.

213 Vgl. Judith Shaklar, *Men and Citizens. A Study of Rousseau's Social Theory*, Cambridge 1969, S. 15.

214 Rousseau, *Abhandlung über den Ursprung und die Grundlagen der Ungleichheit unter den Menschen*, S. 37–45.

215 Martschukat, *Das Zeitalter der Fitness*, S. 29.

216 Vgl. Jean Elshtain, *Public Man, Private Woman. Women in Social and Political Thought*, Princeton 1993, S. 180 f.

217 Vgl. Habermann, *Der homo oeconomicus und das Andere*, S. 212.

218 Vgl. Étienne Balibar, »Ideas of Europe: Civilization and Constitution«, in: *Moving Worlds. A Journal of Transcultural Writings* 11 (2011), S. 12–19.

219 Vgl. Mbembe, *Kritik der schwarzen Vernunft*. So schreibt Hegel, obwohl er sich gegen Versklavung ausspricht, vom »Barbar«, der »faul [ist] und sich vom Gelehrten dadurch [unterscheidet], dass er in der Stumpfheit vor sich hin brütet«. Georg W. F. Hegel, »Grundlinien der Philosophie des Rechts oder Naturrecht und Staatswissenschaft im Grundrisse«, in: ders., *Werke*, Bd. 8, Frankfurt/M. 1986, S. PR §197. Kant vertritt in seinen anthropologischen Schriften die Idee einer »Rassen«-Ordnung, an deren Spitze weiße Europäer stehen. Immanuel Kant, »Von den verschiedenen Rassen des Menschen«, in: ders., *Schriften zur Anthropologie, Geschichtsphilosophie, Politik und Pädagogik*, Werkausgabe, Bd. 11, Berlin 2017, S. 11–31.

220 Vgl. Habermann, *Der homo oeconomicus und das Andere*, S. 215–224.

221 Diese Perspektive, welche die Machtkategorien

race – class – gender in ihrem Artikulationsverhältnis betrachtet, orientiert sich an Annie McClintocks Ansatz. Anne McClintock, *Imperial Leather. Race, Gender, and Sexuality in the Colonial Contest*, New York 1995, S 5.

222 Vgl. Aysegül Öztekin, »Love at frist Like«, in: *Arranca!* 52 (2018), S. 64–67.

223 Vgl. Daniel Dietschi, *Hinzuführungen zur Authentizität. Die ideen- und begriffsgeschichtliche Aufarbeitung eines modernen Persönlichkeitsideals*, Würzburg 2002.

224 Vgl. Maiken Umbach, Matthew Humphrey, *Authenticity. The Cultural History of a Political Concept*, New York 2018, S. 46–49.

225 Reckwitz, *Gesellschaft der Singularitäten*, S. 291.

226 Zur Erweiterung der Pastoralmacht in der Therapiegesellschaft vgl. Sabine Maasen, *Genealogie der Unmoral. Zur Therapeutisierung sexueller Selbste*, Frankfurt/M. 1998.

227 Taylor, *Ein säkulares Zeitalter*, S. 788 ff.

228 Sven Reichhardt, *Authentizität und Gemeinschaft. Linksalternatives Leben in den siebziger und frühen achtziger Jahren*, Berlin 2014.

229 Ebd., S. 59.

230 Ebd., S. 57.

231 Ebd.

232 Vgl. Philipp Sarasin, *1977. Eine kurze Geschichte der Gegenwart*, Berlin 2021, S. 206–212.

233 Illouz, »Einleitung – Gefühle als Waren«, S. 24.

234 Koppetsch, *Die Wiederkehr der Konformität*, S. 40.

235 Reckwitz, *Gesellschaft der Singularitäten*, S. 287.

236 Illouz, »Einleitung – Gefühle als Waren«, S. 40.
237 Vgl. Reckwitz, *Gesellschaft der Singularitäten*, S. 18.
238 Ebd., S. 9 f.
239 Vgl. ebd., S. 17.
240 Vgl. Mau, *Das metrische Wir*, S. 274.
241 Vgl. Koppetsch, *Die Wiederkehr der Konformität.*
242 {giga.de/artikel/bereal-was-ist-das-die-echte-social-media-app/}, letzter Aufruf 15.05.2023.
243 Benjamin, »Das Kunstwerk im Zeitalter seiner technischen Reproduzierbarkeit«, S. 370 ff.
244 Vgl. Theodor W. Adorno, *Jargon der Eigentlichkeit. Zur deutschen Ideologie*, in: ders., *Gesammelte Schriften*, Bd. 6, Frankfurt/M. 1970.
245 Jule Govrin, »Affektiv, authentisch, autoritär? Zu den politischen Risiken von Authentizitätsinszenierungen«, in: Paul Helfritzsch, Jörg Müller Hipper (Hg.), *Die Emotionalisierung des Politischen*, Bielefeld 2021, S. 107–136.
246 {https://www.belltower.news/andrew-tate-brutale-misogynie-mit-millionenpublikum-137303/}, letzter Aufruf 10.06.2023. Für eine ausführliche Analyse im Kontext geschlechterbasierter Gewalt vgl. Susanne Kaiser, *Backlash – Die neue Gewalt gegen Frauen*, Stuttgart 2023.
247 Vgl. Andreas Gehrlach, Jule Govrin, »Vive la différence?«, in: *Geschichte der Gegenwart*, {geschichtedergegenwart.ch/vive-la-difference-wenn-linke-und-rechte-von-differenz-reden-meinen-sie-nicht-das-gleiche/}, letzter Aufruf 15.05.2023.
248 Sarasin, *1977*, S. 241.

249 Ebd.
250 Reckwitz, *Gesellschaft der Singularitäten*, S. 394.
251 Gayatri Chakravorty Spivak, *The Spivak Reader*, New York 1996, S. 214.
252 Sarasin, *1977*, S. 228–231.
253 Ebd., S. 249.
254 Gayatri Chakravorty Spivak, *Can the Subaltern Speak? Postkolonialität und subalterne Artikulation*, Wien 2008, S. 66.
255 Vgl. Gehrlach, Govrin, »Vive la différence?«.
256 Sarasin, *Reizbare Maschinen*, S. 205–207.
257 Zum feministischen und queertheoretischen Differenzbegriff und dessen politischem Potenzial vgl. Engel, *Wider die Eindeutigkeit*, S. 96–101.
258 Ebd., S. 72.
259 Habermann, *Der homo oeconomicus und das Andere*, S. 246–250.
260 Zur politischen Rationalität des Neoliberalismus vgl. Wendy Brown, *Die schleichende Revolution: Wie der Neoliberalismus die Demokratie zerstört*, Berlin 2018.
261 Vgl. Reckwitz, *Gesellschaft der Singularitäten*, S. 107.
262 Vgl. Mau, *Das metrische Wir*, S. 16.
263 Die neuen Technologien der Datenerfassung, des Vermessens und Vergleichens reproduzieren soziale Hierarchien und bringen mithin neue Gouvernementalitätsformen hervor. Ausgehend von der axiologischen Annahme des Neoliberalismus, dass Daten eine objektive Wahrheit innewohnt, die der Datenerfassung Neutralität

zusichert, etablieren sich neue Bewertungsraster. Vgl. Colin Crouch, *Die bezifferte Welt. Wie die Logik des Finanzmarkts das Wissen bedroht*, Berlin 2015. Der Neoliberalismus ist ein Regime der Ziffern und Zahlen, das Nationen, Subjekte, Affekte auf globaler Ebene vergleichbar macht. Vgl. Arjun Appadurai, *Fear of Small Numbers. An Essay on the Geography of Anger*, Durham/London 2006.

264 Mau, *Das metrische Wir*, S. 16 f.

265 Ebd., S. 17.

266 Ebd., S. 29.

267 Markus Unterernährer, »Selbstquantifizierung als numerische Form der Selbstthematisierung«, in: Stefanie Duttweiler, Robert Gugutzer, Jan-Hendrik Passoth, Jörg Strübing (Hg.), *Leben nach Zahlen. Self-Tracking als Optimierungsprojekt?*, Bielefeld 2016, S. 201–221, hier: S. 215.

268 Uwe Vormbusch, »Taxonomien des Selbst. Zur Hervorbringung subjektbezogener Bewertungsordnungen im Kontext ökonomischer und kultureller Unsicherheit«, in: Stefanie Duttweiler, Robert Gugutzer, Jan-Hendrik Passoth, Jörg Strübing (Hg.), *Leben nach Zahlen. Self-Tracking als Optimierungsprojekt?*, Bielefeld 2016, S. 45–63, hier: S. 46.

269 Vormbusch, »Taxonomien des Selbst«, S. 47.

270 Ebd., S. 50 f.

271 Vgl. Hartmut Rosa, *Beschleunigung. Die Veränderung der Zeitstrukturen in der Moderne*, Frankfurt/M. 2005.

272 {https://www.deutschlandfunknova.de/beitrag/kritik-was-gegen-achtsamkeit-sprechen-kann}, letzter Aufruf 15.05.2023.

273 Vgl. Altmeyer, *Auf der Suche nach Resonanz*, S. 114.

274 Vgl. Koppetsch, *Die Wiederkehr der Konformität.*

275 Mit Jasbir Puar lassen sich solche Phänomene als Homonationalismus fassen. Jasbir Puar, *Terrorist Assemblages. Homonationalism in Queer Times*, Durham/London 2007.

Schlussbemerkungen

276 Zu Gemeinwohlökonomien vgl. Friederike Habermann, *Ecommony. UmCARE zum Miteinander*, Darmstadt 2016. Zur Kulturgeschichte des personalen Besitzes vgl. Andreas Gehrlach, *Das verschachtelte Ich. Individualräume des Eigentums*, Berlin 2020.

Erste Auflage Berlin 2023

Großbeerenstraße 57A, 10965 Berlin
info@matthes-seitz-berlin.de

Satz: Monika Grucza-Nápoles, Berlin
Druck und Bindung: Art-Druk, Szczecin
Umschlaggestaltung nach einer Idee von
Pierre Faucheux

ISBN 978-3-7518-0534-6
www.matthes-seitz-berlin.de